実用ビジネス日本語

—成功への10章—

PRACTICAL BUSINESS JAPANESE

まえがき

近年、国際化の波の到来とともに、企業のグローバル化も急速に進み、それに伴って日本語でビジネスにあたる外国人の数も増加の一途をたどっている。国際社会での日本の経済的な役割を考えると、日本語でビジネスを展開する外国人は、今後ともますます増え続けるものと思われる。

このような背景のもとで、ビジネスマンを対象とした日本語教育もさまざまな展開を見せてきた。TOP ランゲージは、ビジネスマン・研修生などの社会人を対象とした日本語教育機関で、豊かなビジネス経験を持つ日本語教師が、多くの企業で日本語教育を実施している。

このような現場での教育を通じ、近年痛切に感じられることは、学習者の質の変化である。簡単な日常会話をマスターしようという段階から、職場で円滑なコミュニケーションができ、日本のビジネス習慣を理解し、社内報が読め、レポートが作成できる、つまり一企業人として日本人と同等の立場で業務を遂行したいと考える学習者が増えてきていることである。

しかしながら、これらの学習者を満足させることのできる教科書はまだ少なく、いまだ開発途上であると言えよう。そこで、今回、実際にオフィスで飛び交う生きた日本語、場面や機能をあわせもった実用的なテキストを作成する運びとなった。

本書は、主にオフィスで使う日本語の習得を目標とし、「基本会話」「戦略表現」「実用会話」「コーヒーブレーク」から成っている。「戦略表現」では、その場面で日本人のよく使う表現を数多く取り上げ、「実用会話」では、あたかもオフィスにいるかのような錯覚を起こさせる。また読解文としても十分読み応えがあると自信をもっておすすめする。「コーヒーブレーク」は、日本社会の常識や習慣を説明し、ビジネスを展開する上で失敗のないよう、違和感なく日本社会に溶け込めるように配慮した。

本書は、教室で使うだけではなく、オフィスで役立つ日本語の手引きとしても広く活用していただき、読者がビジネスマンとして成功することを著者一同望んでやまない。

1993年7月　　TOP ランゲージ

Preface

Recently, in the midst of growing demands for internationalization and the continuing globalization of corporations, the number of foreigners doing business in Japanese has greatly increased. When one considers the economic role of Japan in the international community, it seems likely that the number will increase even more and more.

As a result, there have been various developments in Japanese language educational materials for businesspeople. TOP Language is a Japanese language education agency that serves businesspeople and company trainees, and conducts in many corporations Japanese language classes run by teachers with business experience.

Through our instruction of foreign businesspeople, we have become well aware of their needs, whether it be mastering basic daily conversation, smooth communication at the workplace, understanding of Japanese business customs, ability to read company memos, ability to write reports — or, in other words, to acquire Japanese language skills to the point where one can work at the same level as a Japanese.

However, there previously were few books that could satisfy these needs, and even now such books are still in the process of development. Thus we decided to create a practical textbook that makes use of "living" Japanese, the Japanese actually used in the office.

This book is divided into basic conversation, strategic expressions, practical conversations, and "Coffee Breaks," all designed to aid the students in acquisition of real-life business Japanese. The strategic expressions sections provide the students with many example expressions often used by Japanese people. The practical conversations give one the impression of actually being in a Japanese company, and they can also be used for reading practice. The coffee break sections provide the students with explanations of Japanese customs that one needs to know in order to operate smoothly in Japanese society.

Moreover, this book can also be used as a handy dictionary in the office, and we sincerely hope that it will help lead students to success in the Japanese business world.

July 1993

TOP Language

使い方と特長

《本書の読者対象》

『実用ビジネス日本語』は、日本語の初級段階を既にマスターし、さらに日本語を磨きビジネスに生かしたい人たちのための日本語テキストである。

《全体的特長》

1．本書では、主にオフィスで実際に話されている口語を取り上げ、ビジネスマンに必要なコミュニケーション能力を最大限にのばすことを目標にした。

2．本書は、全10章から構成されている。また各章は重要な機能ごとにいくつかのユニットに分けられ、さらにそれぞれの下に実用的な戦略表現を設けた。従って、学習者はどこからでもアクセスできるような仕組になっている。

3．各ユニットは、初めに「基本会話」、次に「戦略表現」、最後に「実用会話」という順で展開されている。学習者は、「基本会話」で学習目的を具体的に理解し、「戦略表現」ではオフィスですぐに使える多くの表現を身につけることができる。「実用会話」では、ビジネス現場での生のやりとりを通してさらに実力が向上するだろう。

4．「戦略表現」には、目上の人には使えない表現(Ⓕ)や、男性が主に使う表現(男)、女性が主に使う表現(女)も取り入れた。

5．会話をより現実的にするために、登場人物に記号を付し、「役職」「勤続年数」「同僚・取引先の区別」などを明確にした。

［凡例］
○……社内の人、□……社外の人、３……勤続３年、
(　)……年齢、　課……課長、　部……部長、　主……主任

6．「Coffee Break」では、外国人ビジネスマンにとってわかりにくい日本社会の常識やマナー等を取り上げ説明した。

7．第２章では、電話のあつかいについてのいろいろな場面を設定し、フローチャートでわかりやすくあらわした。

《本書の効果的な使い方》

1．本書は、クラス授業用の主教材のみならず副教材や独習用のテキストとしても十分対応できるように配慮してある。なおクラス授業では、ビジネス経験豊かな日本語教師の指導のもとで学習を進めるのが理想的である。

2．教室の中や机の上だけが学習する場ではない。毎日の通勤の途中や、時間のある時には、カバンから本書を取り出してぱらぱらめくって見てほしい。別売のカセットテープを使えばさらに効果的であろう。(テープには 🖭 のついた実用会話が収録されています)

3．本書には、数多くの実際的な表現が載せられているので、テキストとしてだけではなく、表現辞典として利用することも可能である。オフィスにも常備しておきたい１冊である。

4．何よりも一番大切なことは、本書で学んだことを、実際に使ってみることである。実際に使うことにより、会話能力も向上し、コミュニケーションも円滑になり、ひいてはビジネスチャンスもおのずからひらけてくるのではないだろうか。

《章ごとの特長》

[第１章　挨拶]

日本のビジネス社会では、挨拶ができないとせっかくの力も発揮することができない。しかし、時には上手な挨拶がビジネスに大きな効果をもたらすこともある。

本章では、最も基本となるいろいろな場面での自己紹介や人の紹介、別れの挨拶などを機能別に学習することができる。また、本題に入る前置きとして時候の挨拶なども、ここで取り扱った。

[第２章　電話の応対]

外国人ビジネスマンにとって、日本語での電話は、相手の顔が見えないだけに困難をきわめる。電話に対する学習者のニーズが高いのは、そのためだろう。そこで本書では、電話を使った数多くの場面を設定し、学習者の真に役立つさまざまな戦略表現をかかげた。

また、学習者の必要とする表現が一目でわかるように、電話の受け答えに関するフローチャートをつけ便宜をはかった。

[第３章～７章／依頼、注文する、誘う、許可、アドバイス]

第３章～６章の学習内容は、既存の教科書でも取り上げられているが、本書では豊富な戦略表現と実用会話によって、既存の教科書では味わえない生き生きとした日本語が身につくはずである。

第７章は、使い方によっては相手を傷つけてしまう恐れもあるので、特に使用場面と結びつけて学習してほしい。

[第８章～10章／情報伝達、意見陳述、意見交換]

これらの章の学習内容は、従来は視聴覚教材・読解教材で取り上げられてきた。しかし、本書では、それらを会話の形で教材化することにより、正確かつ迅速に学習することが可能となった。

《まとめ》

日本語は、ほかの外国語と同様、決してやさしい言葉ではない。しかし、どんな道筋で目標に近づくのか、そして何が必要で何が必要でないのか、そういうことが明確になれば、学習者にかかる負担も少なくなるだろう。本書では、学習者が理解しやすい系統的な道筋に沿って、実際によく使われる表現を数多く用意した。これらの表現を身につけることが、ビジネス展開を成功へと導くキーポイントの一つになるだろう。

About This Book

Practical Business Japanese has been designed for people who have mastered basic Japanese, especially those people who want to polish up their Japanese for business purposes.

Features of this book:

1. This book uses the ordinary Japanese actually used in conversations at the office, and is designed to bring the non-native speaker to the level of communication necessary for doing business in Japan.
2. This book is divided into ten chapters, each with its own particular focus and set of practical expressions. The student is able to move about freely in the book, going to the sections which are particularly necessary for his or her circumstances.
3. Each unit begins with a basic conversation, includes strategic expressions, and ends with practical conversations. The basic conversation concretely presents the objective of the unit, and the strategic expression section allows the student to learn many expressions for instant use in the office. The practical conversations further elevate the students skills by introducing real-life conversations in business situations.
4. In the strategic expression section, expressions that should not be used when speaking to superiors Ⓕ, expressions used mainly by men (男), and expressions used mainly by women are also included.
5. In order to make the conversations more realistic, the position of the characters has been shown in order to make clear their subordinate/superior and inner group/outer group relationships.

○ a member of your in-group	□ a member of your out-group
3 someone who has worked at the company for 3 or more years	
課 section chief　部 department manager	( ) age
(Hu) = Humble, (Po) = Polite, (Co) = Colloquial,	
(Ho) = Honor, (In) = Informal, (Sl) = Slang,	
(Ab) = Abbreviation, (Fo) = Formal, (Lit) = Literal	

6. The Coffee Break sections explain facets of Japanese society that foreigners might find difficult to understand.
7. Chapter 2 covers telephone conversation and includes an easy-to-understand flowchart.

Effective use of this book:

1. This book may be used as the main text in the classroom, as a supplementary text, or even as a self-study text. When used as a classroom text, it would be most ideal to have it taught by a teacher with business experience.
2. This book should be studied not only in the classroom, but also anywhere the opportunity is presented, such as when commuting to work. This book's effectiveness will be increased further if used in conjunction with the cassette tapes (sold separately).

3. Since many practical expressions are included in this book, it can also be used as a dictionary, and it probably would be a good idea to keep a copy in the office.
4. The most important thing to do is to actually try out the expressions in real life. This will help one's conversational ability and communication skills to improve, and it might even allow one to discover his or her own business opportunities.

Features of each chapter:

[Chapter 1 Greetings]

In Japan's business world, one can't get by if he or she doesn't know how to perform various types of greetings. Knowing how to do so properly can sometimes have a large, positive effect on one's business.

The various types of greetings, such as introductions or farewells, are divided according to their functions. As a preface to the main section, expressions for greetings/comments regarding the weather are also presented.

[Chapter 2 Telephone conversation]

Talking on the telephone in Japanese can be difficult for foreigners because the other person's face can't be seen. Thus this book introduces many different situations for telephone conversation and numerous useful expressions.

Also, for the purpose of quick reference, the expressions have been organized into a flowchart showing the order of telephone conversation.

[Chapter 3-7 Making a request, Placing orders, Inviting, Permission, Advice]

The contents of Chapter 3-6 can be found in other Japanese textbooks, but this book's introduction of many strategic expressions and practical conversations allow the student to acquire "living" Japanese usually not found in other textbooks.

Chapter 7 contains expressions that could injure the feelings of the listener if used improperly, so it is recommended that context of usage for the expressions be fully considered when studying them.

[Chapter 8-10 Communicating information, Expressing opinions, Exchanging opinions]

The contents of these chapters have been presented before in audio-visual educational material or in reading comprehension materials, but this book presents them in conversational form so that they may be acquired quickly and correctly.

Finally, just as with any foreign language, leaning Japanese is by no means a simple task. However, the burden on the student can be reduced if the path for acquiring the language objective is cleary marked. This book leads the student in an orderly, easy-to-understand fashion, while at the same time introducing many expressions actually used often. Full acquisition of the objectives presented in this book can very well lead the student to success in the Japanese business world.

目　次

CONTENTS

Coffee Break

第1章 挨拶（あいさつ）

■ Chapter 1　Greetings

1．自己紹介をする　Introducing yourself

基本会話

マクドナルド：パトリック＝マクドナルドと申します。どうぞよろしくお願いいたします。

葉　山　：葉山です。こちらこそ、どうぞよろしく。

戦略表現

1 初めて会った時の決まり文句
Meeting someone for the first time

① 初めまして。

② 加藤と申します。

③ 浅野です。

④ ディビッド＝ディクソンと申します。

⑤ デイブと呼んでください。

⑥ よろしくお願いいたします。

⑦ どうぞよろしく。Ⓕ

2 社内の人に自己紹介をする
Introducing yourself to members of your in-group

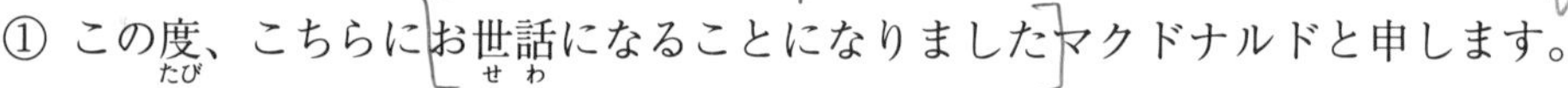

① この度、こちらにお世話になることになりましたマクドナルドと申します。

② 今度こちらに配属された菊池です。

③ これから一生懸命頑張りますので、よろしくお願いいたします。

④ 研究室のクリスチーヌ＝マルタンです。フランスからまいりました。

⑤ マイク＝ジョーンズです。出身はアメリカです。日本語はあまり上手じゃないですけど、これから頑張りますのでよろしくお願いします。

Notes

決まり文句 a set expression、いたす＝(Hu)する、こちら＝(Hu)こっち、この度＝(Fo)今度 this time、配属する assign、一生懸命 as hard as one can、頑張る do one's best、まいる＝(Hu)来る

3 社外の人に自己紹介する

Introducing yourself to members of your out-group

① 日本国際通商営業 3 課の原田です。　② 日本株式会社営業 1 課の加藤と申します。

③ ADF からまいりましたパク＝ミヨンと申します。

④ この度、御社担当になりました石井と申します。

4 名乗るが遅くなった時の決まり文句

When you were late in introducing yourself

① 申し遅れましたが、坪内と申します。

② すみません。遅くなりましたが、私 営業 2 課の田辺と申します。

5 名刺を持っていない時の決まり文句

When you don't have a business card

① 申しわけありませんが、ただ今名刺をきらしておりまして……。

② 申しわけございません。ちょっと名刺が見あたりませんので。

COFFEE BREAK

「希望の部署に配属になるとは限らない日本企業」

一度入社したら、定年になるまで同じ会社に勤めるのが、一般的な日本人サラリーマン（最近は徐々に変わりつつありますが）。

とすると、一つの会社の中で、いろいろな経験をしてもらって育てていくというのが会社側の発想になってきます。

ですから、日本企業では、新入社員がすぐに希望の部署に配属されるとは限りません。慣れない仕事をするのも勉強のうちと考えて頑張るのが、「いい社員」だと考えられているようです。

Notes

営業部 Sales Dept.、国際 international、～通商 Trading Comp.、御社 your company、～を担当する take charge of、申し遅れる apologize for not having told you this sooner、名刺 business card、きらす run out of

実用会話ー1 ◀入社時、配属先(はいぞくさき)で自己紹介する
Introducing yourself to your new section after joining a company

女① 加藤(かとう)：初めまして、加藤と申します。何もわかりませんが、一生懸命頑張(いっしょうけんめいがんば)りますので、よろしくお願いいたします。

④ 吉田(よしだ)：吉田です。よろしくお願いします。わからないことは、遠慮(えんりょ)せずに何でもきいてください。

実用会話ー2 ◀異動後(いどうご)、配属先で自己紹介する
Introducing yourself after being switched to a new section

② コール：この度、こちらにお世話になることになりましたコールと申します。わからないことも多いと思いますが、よろしくご指導(しどう)のほどお願いいたします。

㊫ 南(みなみ)：こちらこそよろしく頼(たの)むよ。君、けっこうやるらしいじゃないか。土屋(つちや)さんから聞いたよ。

コール：え？ 土屋(つちや)課長、ごぞんじなんですか。

南：ああ、わたしと同期(どうき)なんだ。君のことはよく聞いてるよ。

実用会話ー3 ◀取引先(とりひきさき)で自己紹介する
Introducing yourself to a client

④ 原田(はらだ)：いつもお世話になっております。日本国際通商営業3課の原田です。お電話では何度もお話ししていたんですが、お会いするのは初めてですね。ご挨拶が遅(おく)れまして、失礼(しつれい)いたしました。今後ともよろしくお願いいたします。

5 シモンズ：こちらこそ、よろしくお願いいたします。なんだか、初対面(しょたいめん)じゃないみたいですね。

Notes

世話になる be under the care of、ことになる (has) come about that ...、指導する lead, guide、お会いする＝(Hu)会う、今後とも from now on、おる＝(Hu)いる

実用会話—4 ◀応接室で待っていた初対面の来客に自己紹介する

Introducing yourself to a guest at a reception room

④ **マクスウェル**：どうも、お待たせいたしました。広報を担当しておりますスティーブ=マクスウェルと申します。どうぞよろしくお願いいたします。

③ **岡　本**：初めまして、永井電気宣伝部の岡本と申します。この度は、御社の田島様のご紹介でまいりました。

マクスウェル：田島さんの紹介ですか。

岡　本：はい。実はわたしの大学の先輩なんです。

COFFEE BREAK

「ポーカーフェイスも技のうち」

「能面のような日本人」と言われることがあります。

確かに、欧米人に比べて日本人の感情表現はかなり控えめ、あるいは乏しいところがあるようです。

人間として、喜怒哀楽を感じることは、ごくごく当然のことです。それがあるからこそ、人間的であるとも言えます。しかし、日本の社会には、そうした感情をあまり顔にださないようにするのが大人のたしなみであるというような価値観があります。

不快感を露骨に表したり、人の前で部下を叱ったりすることは、日本社会ではとても嫌がられます。ポーカーフェイスも技のうち、否定的な感情は控えめに。

とは言うものの、こうした感情のはけ口がないと、だれだって精神的にまいってしまいます。仕事が終わってからの、カラオケでストレス発散というのも、そうした感情をはきだす機会なのでしょう。

このテキストでも、そんな感情表現の言葉を、コラム『ひとりごと』で取り上げてみました。日本語で思いっきり感情を発散させたい時、TPO(※)に気をつけて使ってみてはいかが？

Notes

お待たせいたす＝(Hu) お待たせする，待たせる、広報(部) PR Dept.、宣伝部＝広報部、紹介 introduction、※ TPO＝ (Ab) Time, Place, and Occasion

2．人を紹介する　Introducing a person

基本会話

袋井：こちらは、焼津建設専務の藤枝様。こちらは、企画開発部のロバート＝チェンです。

藤枝：藤枝です。よろしく。

チェン：チェンです。こちらこそよろしくお願いいたします。

戦略表現

1 取引先に社内の人を紹介する
Introducing a member of your in-group to a client

① （こちらは）課長の田中です。

② こちら、同じ課のマクラミンです。簡単な日本語ならわかります。

③ こちらは社長の藤堂です。

④ こちら、今度御社を担当することになりました、チェンです。私同様よろしくお願いいたします。

2 社内の人に同僚を紹介する
Introducing your coworker to members of your in-group

① （こちらは）マイケルさん。今一緒に仕事してるんです。

② 新人の田中さんです。

③ こちらは同じ課のスハルトさんです。インドネシアの方です。日本語は大丈夫です。

3 社内の人に取引先を紹介する
Introducing a client to members of your in-group

① こちらは営業部長の塚田様です。

② こちらは弁理士の松井さんです。

③ こちらは風間印刷の風間社長です。(※)

Notes

専務 a managing director、部 department、課 section、課長 a section chief、社長 the president of the company、弁理士 a patent lawyer、～印刷 ～Printing Comp.

※　You should not say this if you are not close to Mr. Kazama.

実用会話－1 ◀得意先に上司を紹介(しょうかい)する　Introducing your boss to a client

⑤ **川崎(かわさき)**：課長の田中です。課長、こちらは営業部長の塚田様です。

（田中と塚田、名刺(めいし)を交換(こうかん)しながら）

[部] **塚田**：どうも。塚田でございます。

(課) **田中**：田中でございます。いつもたいへんお世話になっております。

実用会話－2 ◀得意先に二人の上司を紹介する

Introducing two of your superiors to a client

⑤ **川崎**：部長の堀部(ほりべ)と、課長の田中です。こちらは営業部長の塚田様です。

[部] **塚田**：塚田と申します。よろしくどうぞ。川崎さんにはいつもお世話になってまして……。

川崎：いえいえ、こちらこそ。

(部) **堀部**：いつも川崎がお世話になっております。

実用会話－3 ◀新しい担当(たんとう)を取引先に紹介する

Introducing a new salesperson to a client

(課) **山下(やました)**：いつもお世話になっております。実(じつ)は、私(わたくし)、今度大阪へ転勤(てんきん)することになりまして、ご挨拶(あいさつ)かたがた、本日は後任(こうにん)の者を連(つ)れてまいりました。

[課] **浅井(あさい)**：それはそれはご丁寧(ていねい)に。

(女)⑤ **横尾(よこお)**：初めまして。今度、御社(おんしゃ)を担当させていただきます横尾と申します。よろしくお願いいたします。

浅井：浅井です。よろしく。担当の方がずいぶん若返(わかがえ)りましたね。

山下：ええ、若いですけどしっかりしておりますので、よろしくご指導(しどう)のほど、お願いいたします。

横尾：今後ともよろしくお願いいたします。

Notes

部長 head of the division、でございます＝(Po)です、実は to tell the truth、転勤する be transferred、～かたがた while～、後任 a successor、者＝(Hu)人、連れてまいる bring、若返る restore youth、しっかりしている steady, clear

実用会話—4 ◀廊下で会った、ほかの部の同期入社の社員に紹介する

To a person working in another division who entered the same time as you

③ **山田**：よう、久しぶり。

③ **中野**：おう、元気？

（山田、中野と一緒にいる隣の外国人が気になって見ている）

中野：ああ、こちらはマイケルさん。今一緒に仕事してるんだ。

② **マクミラン**：初めまして。マイケル＝マクミランです。どうぞよろしくお願いします。

山田：あ、どうも。山田です。中野君とは同期入社で……。

マクミラン：ああ、そうですか。

中野：じゃあまた。

山田：じゃあな。

実用会話—5 ◀新人を紹介する　Introducing a new employee

㊫ **池内**：今日から仲間が一人増えることになった。横浜の営業所からうちの課に異動になった加藤君だ。わからないことはみんなにきいて、1日も早く慣れてほしい。じゃあ、加藤君……。

④ **加藤**：はい。今度、横浜営業所からこちらに配属された加藤です。こちらのことは全然わかりませんので、皆さんに迷惑をかけることになると思いますが、一生懸命頑張りますので、よろしくお願いいたします。

④ **リュウ**：初めまして、リュウです。わたしも昨年、こちらに来たばかりですので、ちょっとだけ先輩ですけど、一緒に頑張りましょう。

加藤：はい、よろしくお願いいたします。

㊛⑥ **土山**：どうも土山です。この中で一番古株かしら？　ここのことは、だいたいわかっているつもりですけど……。まあ何でもきいてください。

Notes

同期 enter in the same year、入社する enter a company、仲間 a fellow worker、増える increase、営業所 branch office、異動 personnel changes、慣れる get used to、迷惑をかける give trouble

COFFEE BREAK

「挨拶と名刺（めいし）」

日本でビジネスをする人たちにとって、名刺はなくてはならないものです。初対面（しょたいめん）の人同士（どうし）が挨拶する場合、必ず名刺の交換（こうかん）をするからです。

名刺をまだ見たことのない人はいないと思いますが、日本人の名刺について説明しておきます。以前の名刺は、日本語で会社の名前や住所などが書かれていましたが、外国のビジネスマンや企業と取り引きが盛んになるにつれて、裏面（うらめん）にローマ字で書かれた名刺も多く見られるようになってきました。

さて、名刺の交換ですが、その場合にも簡単な決まりがあります。

①渡す場合には、名刺の日本語の面（めん）を上にして、相手がそのまま読めるようなむきで両手（りょうて）で渡します。

②もらう場合にも、同じように両手で受け取ります。受け取ったら、すぐにしまわず、まず名前を確認します。もらった名刺にローマ字表記（ひょうき）がない場合には、読み方を尋（たず）ねたほうが丁寧（ていねい）です。しかし、相手の見ている前で、その人の名前を名刺に書きこむのは失礼（しつれい）にあたります。

③そのまま、会議にはいる場合には、もらった名刺を自分のテーブルの前に置いておけば、名前を間違（まちが）えたり、忘れたりすることもありません。もちろん、会議中に、名刺を折（お）り曲げたり、何かを書きこんだりしてはいけません。終わった後（あと）で、日付（ひづけ）や特徴（とくちょう）などをメモして、名刺ホルダーなどで管理しましょう。

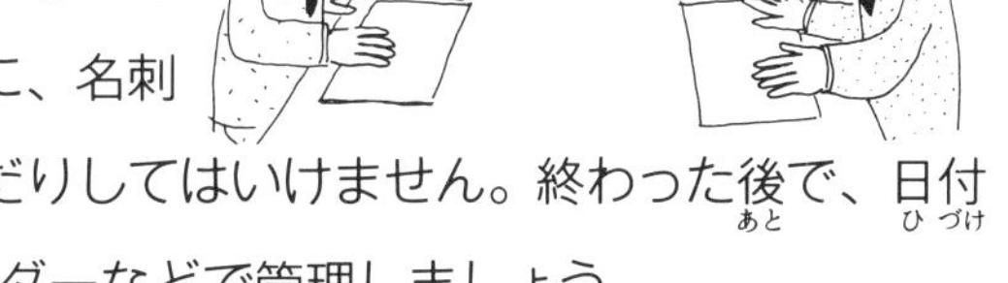

名刺は、日本でビジネスするうえで大切なものですので、自分の名前の日本語表記についても慎重（しんちょう）に考えなければなりません。韓国人や中国人の場合は、漢字を使って名刺を作れますが、そのままでは日本式に読まれてしまいますので、自国語の発音にあった振（ふ）り仮名（がな）をつけたほうがよいでしょう。それ以外の外国人の場合、無理に漢字を使って不自然（ふしぜん）な名刺を作るよりも、カタカナでわかりやすいものを作ったほうが無難（ぶなん）でしょう。

只今 担当の者が 席を 外しておりますので
のちほど こちらの方から お話 させていただいてよろしいでしょうか。

申しわけ（訳）ございませんが、念（ねん）のため（Just in case）お電話番号を お伺いしてよろしいでしょうか ／ お聞かせていただけますか。

3．久しぶりに会った時の挨拶

When you meet with a person whom you have not seen for a long time

基本会話

古川：ごぶさたしております。

市原：しばらく顔(かお)見なかったけど、どうしてたんですか。

戦略表現

1 久しぶりに会った時の決まり文句

Meeting someone after a long time

① 久しぶりですね。

② お久しぶりです。

③ ごぶさたしております。

④ 久しぶり。Ⓕ

☆ While "久しぶりだ" means "I haven't seen you for a long time," "ごぶさたする" means "I haven't contacted you for a long time" and is often used in apologies, as in the following:

⑤ ごぶさたいたしまして、申(※)しわけありませんでした。

2 近況(きんきょう)をたずねる／述(の)べる

Asking about someone's recent situation

① 元気(げんき)だった？ Ⓕ — ううん……。Ⓕ

② お元気ですか。— まあね。そっちは？ Ⓕ

③ お元気でしたか。— ええ、おかげさまで。

④ その後どう？ Ⓕ — 相変(あいか)わらず。Ⓕ

⑤ お仕事のほうはいかがですか。— ええ、おかげさまで、なんとか。

⑥ 仕事はどう？ Ⓕ — まあまあですね。そちらは？

⑦ どうしてる？ Ⓕ — 仕事は楽(たの)しいんですけど、毎日遅(まいにちおそ)くて大変です。

⑧ 今、何していらっしゃるんですか。— えっ、おんなじとこだよ。相変わらずね。Ⓕ

Notes

しておる＝(Hu) している、そちら＝(Ho) そっち；あなた、いかが＝(Ho) どう、おかげさまで (Lit) Thanks to you; Luckily、相変わらず same as usual、なんとか somehow or other、まあまあ so-so、してる＝(Co) している、していらっしゃる＝(Ho) している、おんなじ＝(Co) 同じ、とこ＝(Co) 所、

※ 本来「申しわけない(こと)です。」であるが、「申しわけありません。」も広く使われている。

お元気にしていらっしゃいますか。

実用会話ー1 ◀取引先と久しぶりに会った

When you meet with a client after a long interval

課 井出（いで）：どうもごぶさたしております。

課 マイルス：あ、どうも久しぶりですね。夏休みはいかがでした？　どこかへいらっしゃいましたか。

井出：ええ、久しぶりに妻（つま）と、北海道（ほっかいどう）へ。

マイルス：それはそれは……。

実用会話ー2 ◀海外赴任（かいがいふにん）している同僚（どうりょう）が一時（いちじ）帰国した

When a coworker returns to Japan for a short time from an overseas assignment

⑩ 小坂（こさか）：よう、久しぶり。元気だった？

⑩ 深沢（ふかざわ）：ううん……。

小坂：あっちはどう？

深沢：いやあ。大変だよ。

体（からだ）、もたないよ。

小坂：ほんと？　奥（おく）さん、どう？

深沢：今回は一緒に帰って来てるけど、向（む）こうが気に入っちゃったみたいでさ。

小坂：いいじゃないか。奥さんがノイローゼになっちゃって帰国した人もいたらしいぜ。

深沢：ああ、知ってる。でもこっちがノイローゼになっちゃいそうだよ。

小坂：そんなに忙（いそが）しいのか。

深沢：ああ、今回ちょっと増員（ぞういん）を要請（ようせい）しようと思ってるんだ。

Notes

帰国する go/come back to one's own country、体がもたない cannot keep this up any longer、向こう the foreign country、ノイローゼ nervous breakdown、増員する increase the staff、要請する request

4．年末年始の挨拶　Greetings for New Year's and the end of the year

基本会話

—忘年会が終わって—

下田：じゃあ、よいお年を！

伊東：よいお年を！　来年もよろしく。

戦略表現

1 年末の挨拶
Parting greetings at the end of the year

① よいお年を。

② 今年もいろいろお世話になりました。また来年もよろしくお願いいたします。

2 年始の挨拶
New Year's greetings

① 明けましておめでとうございます。

② 明けましておめでとう。Ⓕ

③ 今年もよろしくお願いします。

実用会話—1 ◀冬休みでアメリカに帰る同僚と
When a coworker will return to the U.S. during winter vacation

女④　**メアリー**：あのう、明日からアメリカに帰るんで、しばらく会えないけれど元気でね。

女⑥　**三上**　：あら、そう。いいわね。いつ帰ってくるの？

メアリー：年明けの10日ごろかな？

三上　：そう、じゃあ、とりあえずよいお年をね。楽しんで来てね。

メアリー：どうもありがとう。三上さんもね。

Notes

よいお年を！ (Lit) Have a good year; Have a good winter vacation!、年明け early in the new year、とりあえず just thought I'd say、楽しむ enjoy

COFFEE BREAK

「日本人のよくする質問」

日本人は、たとえ相手が初対面の人であっても、かなり個人的だと思われる質問をすることがあります。例えば、「年齢は？」「結婚していますか」「奥さんは日本人ですか」「お子さんは？」「何人いらっしゃいますか」「ボーイ／ガール・フレンドはいますか」……。

しかし、これらの質問は、日本社会では、けっして特別なことではありません。日本語では、聞き手が年上か年下かが、会話のスタイルをきめるうえで重要なポイントとなりますし、話し手が聞き手の背景を知ることで、自分との共通点を見いだしたり心理的共感や親近感をえられたりすることがあるからです。

もしあなたが、個人的な質問を受け、尋問されているようで嫌だと思ったら、反対に質問しかえしてみてはいかがでしょう。また、あまりにも失礼な質問には、断固とした態度をとるべきです。ただし、初対面の人を怒鳴りつけたり、席を立ったりするのは考えものです。日本人は直接的な対決を嫌がりますから、どうしても答えたくないような質問には、次のようにジョークめかして不快感を表す程度にしておいたほうが無難かもしれません。

「それは秘密です。……それも秘密です。」

「ご想像におまかせします。」

くれぐれも、「そんな質問は失礼です」とか「答える義務はありません」などとは言わないように。相手の日本人は、驚いてうつむき、耳まで赤くしてしまうことでしょう。その後のミーティングがだいなしになることは間違いありません。

さらに、残念なことですが、日本社会においては、外国人が日本語をマスターしたり、日本の文化・習慣を学習する外国人がいるといったことを信じきれない人たちが、いまだに数多くいます。「漢字は読めますか」「納豆は食べられますか」「箸は使えますか」、こういった質問もたびたび受けることと思います。ことによると、会う人ごとにされるかも知れません。そんな時でも、にこやかに謙遜しながら答えてあげるのが最善の方法ではないでしょうか。

5．挨拶の後の短い会話　Making small talk

基本会話

原田：おはようございます。
江川：おはようございます。寒いね。
野口：寒いですね。アパートの前の道に霜がおりていましたよ。

戦略表現

1 気候の話題

① なかなか［暖かく／春らしく］なりませんね。

② ［いい／うっとうしい／変な］天気ですねえ。

③ すごい［雨／雪／風］ですねえ。

④ 毎日［暑い／寒い］ですねえ。

⑤ 今日は［あったかい／そんなに寒くない］ですね。

⑥ ［いいおしめり／初雪／吹雪みたい／きれいな夕焼け／春一番］ですね。

⑦ ［一雨来そう／雪になりそう］ですね。

⑧ ［明日も雨です／積もります］かね。

⑨ ［今朝は冷え／よく降り］ますねえ。

⑩ 霜がおりていましたよ。

⑪ ［氷がはって／梅が咲き始め］ましたよ。

⑫ ［花粉注意報／異常乾燥注意報］が出てましたよ。

⑬ ［あったかく／朝晩、冷え込むように］なりましたねえ。

⑭ ずいぶん［暗くなるのが早く／日が長く］なりましたねえ。

⑮ すごい雷ですね。

⑯ ［さっきの夕立／昨日の地震／先週の台風］、すごかったですねえ。

⑰ ［今年一番の冷込み／四月上旬の陽気／今までで一番早いん］だそうですよ。

2 ビジネス周辺の話題

① 最近、どう？ Ⓕ

② 相変わらず、残業多いんですか。

③ うち、フレックスタイム導入したんだよ。

④ 昇進なさったそうで。

⑤ 出張が多くて大変だそうですね。

⑥ 仕事、はかどってる？ Ⓕ

5. Making small talk

These phrases are often used as simple opening remarks in conversations.

1 Talking about the weather

① It hasn't really been getting [warm/spring-like], has it?

② It's [a fine day/terrible weather/strange weather] today, isn't it?

③ It's really [rainy/snowy/windy] today, isn't it?

④ It's [hot/cold] everyday, isn't it?

⑤ It's [warm/not so cold] today, isn't it?

⑥ It's [a nice shower/the first snow of the year/like a blizzard/a beautiful sunset/the first spring breeze of the year] today, isn't it?

⑦ It looks like [rain/snow], doesn't it?

⑧ It will [rain again tomorrow/pile up], won't it?

⑨ It's [cold this morning/raining hard], isn't it?

⑩ There's frost this morning.

⑪ It's icy outside/The plum blossoms are coming out.

⑫ A [pollen/very dry weather] warning is out for today.

⑬ It's getting [warmer/colder morning and evening], isn't it?

⑭ The day is getting [shorter/longer], isn't it?

⑮ Wow, that's some thunder!

⑯ We had a [squall just before/pretty strong earthquake yesterday/strong typhoon last week], didn't we?

⑰ I heard it was [the coldest day of this year/warm as early April/the earliest ever] today.

2 Talking about business

① How's your business?

② Do you have overtime work as always?

③ We've started a flexible-working-hour system.

④ I've heard you were promoted.

⑤ I heard you are having a tough time with a lot of business trips.

⑥ How's your work going?

実用会話―1 ◀春一番（はるいちばん）が吹（ふ）いた日に

On a windy day in the spring

④ **松坂（まつざか）**：おはよう。

③ **マルタン**：おはようございます。すごい風ですね。

松坂：ええ、春一番ですよ。

マルタン：春一番（はるいちばん）？　何ですか、それ。

松坂：ええ。その年初めて吹く強い南風のことです。

マルタン：へえ、そうなんですか。毎年、今ごろ吹くんですか。

松坂：いいえ、今年は今までで一番早いんですって。今日はずいぶんあったかいでしょう？

マルタン：ああ、そう言われればそうですね。

松坂：四月上旬（じょうじゅん）の陽気（ようき）だそうです。

マルタン：じゃあ、もうこれからは春なんですね。

実用会話―2 ◀以前勤（つと）めていた会社の先輩（せんぱい）に久しぶりに会った

When you meet a senior employee from the company where you used to work

⑦ **相川（あいかわ）**：お久しぶり。

⑤ **名取（なとり）**：やあ、ごぶさたしています。

相川：どうだい？　そっちは。ボーナス、ちゃんと出たか？

名取：ええ、おかげさまで。

相川：いいよな。景気（けいき）に左右（さゆう）されないところは。

名取：そちらはいかがですか。相変わらず出張（しゅっちょう）が多いって伺（うかが）ってますけど。

相川：まあな。仕事だけは多くてねえ。いいんだか、悪いんだか。今年も正月はタイでむかえたよ。

名取：奥さんも大変ですね。

相川：いやあ、もう慣（な）れちゃったんじゃないか。

Notes

陽気 weather、ボーナス a bonus、景気 the time、左右される＝影響される be influenced、伺う＝(Hu)きく、正月をむかえる greet the New Year

COFFEE BREAK

「謙遜する」

日本人の話す言葉の特徴の一つに、「謙遜」があります。「皆様にご迷惑をかけることがあると思いますが、一生懸命頑張りますのでよろしくお願いいたします」。こう挨拶した人は、決して会社の人に迷惑をかけようと思っているわけではありません。自分では最善をつくすけれど、ほかの人から見たら足りないところがあるかもしれない、ということを控えめに表現しているのです。

以下、日本人はどんな時に謙遜するのか、具体的に見てみましょう。

1．ほめられたり、感謝されたりした場合

例１）

山本：山木さん、今回のプロジェクト、大活躍でしたね。

山木：いやいや、そんなことないですよ。皆さんのおかげです。

例２）

山田：今回、山浦さんがいなかったら大変でしたよ。

山浦：とんでもない。僕なんか、ただ決まった通りにやっただけです。

2．申し出る場合

①あのう、わたしでよかったら、お手伝いしますけど。

②わたしでよろしければ、お伝えしときますけど。

③僕なんかにできることでしたら、言ってください。

3．贈り物をする場合

①つまらないものですが……。

②これ、たいしたものじゃありませんけど……。

③ほんの気持ちばかりですが……。

もしあなたがこんなふうに謙遜されたら、どうしますか？

6．喜(よろこ)んでもらう言葉　Complimenting/Congratulating

基本会話

奥村(おくむら)：課長、課長。例(れい)の契約(けいやく)、取れましたよ。

松田(まつだ)：やったね。ねばったかいがあったな。

◎In order to maintain good relations with others, you should make light conversation after greeting them. Here are some examples:

戦略表現

1 髪型(かみがた)や服装(ふくそう)を見て
About a person's dress or hair style

① あれっ、髪型、変わりましたね。

② それ、新調(しんちょう)したんですか？

③ その服、いいですね。

④ おめかしして、どうしたんですか。

⑤ あっ、おニューだ。Ⓕ

⑥ きまってるう。Ⓕ

⑦ そのネクタイ、しぶい！ Ⓕ

2 嬉(うれ)しそうな様子(ようす)を見て
To a happy person

① 木村(きむら)さんていつも元気ですよね。何か秘訣(ひけつ)でもあるんですか。

② 嬉しそうだね。何かいいことあった？ Ⓕ

③ 何、ニコニコしてんの？ Ⓕ

3 相手(あいて)の成功(せいこう)を喜んであげる
Congratulating someone on his/her success

① とうとうやりましたね。

② 聞きましたよ。すごいじゃないですか。

③ 山本さん、やったじゃない！Ⓕ

Notes

髪型 hair style、きまっている＝かっこいい cool、しぶい classy、秘訣 a secret, a key、ニコニコする smile、とうとう finally

4 ほめる　Complimenting a person

① 完璧(かんぺき)ですね。　② さすがですね。

③ 言うことなし！ Ⓕ　④ よくできてるよ。こんな感じでやって。Ⓕ

⑤ こりゃ、いい。Ⓕ　⑥ やればできるじゃないか。Ⓕ(男)

⑦ やっぱりひごろ努力(どりょく)してるだけのことはあるよ。Ⓕ

⑧ 普段(ふだん)からちゃんとやってると違うね。Ⓕ

⑨ いい味だしてるよな。Ⓕ　⑩ やるなあ。Ⓕ

⑪ うまいもんだなあ。Ⓕ　⑫ でかした！Ⓕ(男)

※Since a compliment sometimes means a mere lip service to others, you should just hear it with a nod. Then you can reply one of the following:

⑬ お上手ですね。　⑭ そう、のせないでくださいよ。

⑮ おだてたって、何もでませんよ。　⑯ おだてると、木に登(のぼ)っちゃいますよ。

実用会話―1　◀嬉しそうにしている先輩(せんぱい)を見て
When you see your senior who looked happy

㊛③ **市川(いちかわ)**：坂上さん、何かいいことでもあったんですか？

⑧ **坂上(さかがみ)**：えっ、わかる？

市川：そりゃそうですよ。さっきから思い出し笑いなんかしちゃって……。いつもの坂上さんと違いますよ。

坂上：そうなんだよ、実は子供が生まれてねえ……。

市川：本当ですか？　だってこの前、来週だって言ってたじゃないですか。

坂上：そう、予定が早まってね。

市川：それは、おめでとうございます。それで、どっちですか？

坂上：男の子だよ。それが、鼻(はな)は僕に似(に)ててねえ……。目と口は女房(にょうぼう)似かな？

市川：あーあ、もう親ばかが始まっちゃって。顔(かお)の筋肉(きんにく)、ゆるみっぱなしですよ。

Notes

完璧な perfect、ひごろ every day、普段 always, usual、いい味だしている have one's own style、お上手だ You flatter me、のせる＝その気にさせる soft-soap、おだてる flatter、思い出し笑い smiling over one's remembered joys、親ばか a fond mother or father、ゆるむ loosen

実用会話ー2 ◀念願の契約が取れた
Achieving a long-desired contract

㊛⑤ **中川**：やっぱり、わが課のホープだけのことはあるわね。

③ **稲垣**：ほんと、ほんと。さすが武村さんですよ。

④ **武村**：いやいや、今回の契約は土山部長のおかげだよ。部長は平山商事の木内常務と懇意でね。根回ししてくれたんだよ。それでなきゃ、こんなに早く契約できなかったよ。

中川：でも、それもこれも武村さんの努力のたまものじゃないんですか。

稲垣：そうそう、やっぱりひごろの努力がむくわれたんですよ。土山部長を動かしたのも武村さんだし……武村さんの人徳ですよ。

武村：そんなこと言われるとてれちゃうなあ。だけど、本当に嬉しいよ。正直言って今年いっぱいかかると思っていたからなあ。

中川：どう、この謙虚な態度。ねえ、稲垣さん。

稲垣：さすが一流営業マン！

武村：おいおい、そうおだてないでくれよ。なんにも出ないからな。

稲垣：とんでもない、お世辞なんかじゃありませんよ。本心からそう思っているんですから……。

中川：そうよ。稲垣さんはいつも武村さんを目標に頑張っているものねえ。

稲垣：はい。

武村：それはどうもありがとう。後輩にそう言ってもらえると嬉しいよ。さっそく部長に報告してこなきゃ。

稲垣：部長も喜びますよ。

中川：ほんと、ほんと。

Notes

懇意 intimacy、根回し digging round the root of a tree、動かす move、人徳 benevolence、お世辞 flattery、本心 one's heart

実用会話―3 ◀社内会議の報告書を課長に提出する

Submitting the report of a meeting

③ **スワン**：課長、報告書できましたが……。

㊫ **砂　川**：おう、できたか。ちょっとそこに置いといてくれ。

後で見とく。

スワン：はい、わかりました。じゃあ、ここに置いときます。

（しばらくして）

砂　川：スワン君、ちょっと。

スワン：はい。

砂　川：報告書、読んだよ。やっぱり、ひごろ日本語の勉強をしているだけあって、よくできてるよ。

㊛④ **伍　堂**：スワンさんは、社内の日本語イブニングクラスでも、もう上級にいるんですよ。

砂　川：へええ、そりゃすごい。

スワン：どうもありがとうございます。

伍　堂：これ、毎月総務から出席状況の報告があるんですけど、彼はほとんど欠席なしですよ。

砂　川：そう、頑張ってるんだ。

スワン：いえ、たいしたことじゃありません。あっ、実はご報告が遅くなりましたが、この前の日本語能力試験で１級に合格したんです。

砂　川：そりゃあ、素晴らしい。

スワン：いえ、(※)とんでもございません。そんなにほめていただいて光栄です。

どうもありがとうございます。

伍　堂：ほんと、たいしたものですよ。

もうスワンさんは日本人と同じですねえ。

スワン：いえ、そんなことはありません。まだまだです。

Notes

見とく＝(Co)見ておく、総務 general affairs、合格する pass、光栄 honor、※　本来、「とんでもない（こと）です。」であるが、「とんでもございません。」も広く使われている。

7. 慰める言葉 Cheering someone up

基本会話

今野：そんなにくよくよしたって、しょうがないよ。忘れたほうがいいよ。

関戸：うん、そうだよね。しょうがないよね。ありがとう、心配してくれて。

戦略表現

1 元気がなさそうな様子を見て
To a depressed person

① どうなさったんですか。顔色が悪いですよ。

② 最近、元気ないけど、どうしたの？ Ⓕ

③ 平気？ Ⓕ

④ 疲れているみたいだけど、大丈夫？ Ⓕ

⑤ 少し休んだほうがいいんじゃない？ Ⓕ

⑥ 今晩、飲みに行こうか？ Ⓕ

2 心配してあげる
Expressing worry

① あんまり無理しないでください。

② わたしにできることがあったら、言ってよ。手伝うから。Ⓕ

3 相手のつらい立場に同情する
Expressing sympathy

① 本当に大変でしたね。

② 今回はひどい目にあいましたね。

③ ご苦労さんでした。Ⓕ

④ ドジっちゃったね。Ⓕ

Notes

平気 all right, okay、ひどい目にあう have a terrible experience、ドジる（ドジを踏む）＝へまをする make a blunder

4 慰(なぐさ)める
Cheering up a person

① 大丈夫ですよ。うまくいかないことだってあるんですから。

② 瀬田(せた)さんのせいじゃないんだから、気にすることないですよ。

③ ちょっとタイミングがよくなかっただけですよ。

④ また頑張ればいいじゃないですか。

⑤ だれだって最初はうまくいかないよ。Ⓕ

⑥ 相手が悪かったんだから、しかたないよ。Ⓕ

⑦ そんなに落ちこまないでよ。Ⓕ

⑧ くよくよすんなよ。Ⓕ(男)

⑨ 今度から気をつければいいって。Ⓕ

⑩ 気にすんな、気にすんな。Ⓕ(男)

⑪ ドンマイ、ドンマイ。Ⓕ

実用会話—1 ◀夜8時になってもまだ仕事をしている
When you can not finish the work even though it is 8:00 p.m.

③ **サイモン**：梶原(かじわら)さん、まだ終わらないんですか？

⑤ **梶原**：ああ、もう少し残っていくよ。それより、サイモンさんこそ、帰ったら。僕に遠慮(えんりょ)しなくていいから……。

サイモン：ええ、でも梶原さん、毎晩遅(まいばんおそ)いんでしょう？　あんまり無理(むり)しないでくださいよ。体こわしたら、何にもなりませんから。

梶原：締切(しめきり)があさってなんだよ。もう少しなんでね……。

サイモン：何か、わたしにできることがあったら言ってください。お手伝(てつだ)いしますよ。

梶原：ああ、ありがとう。今日の具合(ぐあい)で、明日(あした)少し頼(たの)むかもしれないな。

サイモン：いいですよ。遠慮なく言ってください。先輩(せんぱい)のためなら、何でも引(ひ)き受(う)けますから。

梶原：すまんな。

Notes
うまくいく come off well、～のせい be the fault of、落ちこむ be depressed、くよくよする worry、気にする worry about, be nervous about、ドンマイ＝Don't mind!、遠慮する reserve、締切 closing day、具合 condition

実用会話－2 ◀取れそうだった契約が流れてしまった
When someone loses a chance for a contract

⑤ 黒木：あーあ、うまくいかないなあ。

⑤ 江島：どうしたの？

黒木：いや、例のサイゴン商事の件だよ。

江島：ああ、あれか。いまさらじたばたしたってだめなんだし。まあ、あきらめがかんじんってとこだよ。

黒木：だけど、1年半も通ったんだぜ。契約までこぎつけると思ったんだけどなあ。

江島：まったくだよ。ただ、相手が悪かったな。山口物産だろう。あそこは、サイゴン商事とは付きあいが長いみたいだから。

黒木：それにしても、木島課長、大丈夫みたいなこと言ってたろう。

江島：だから、課長じゃあだめなんだよ。あそこは、もっと上の人に話を通していたんだよ、きっと。

黒木：部長とか、もっと上の？　やっぱり山口物産とうちとじゃあ、格が違うのかなあ。

江島：そんなさびしいこと言わないでよ。
そうじゃなくて、われわれの押しが足りなかったんだよ。そう考えなきゃ、この仕事やってられないぜ。

黒木：うん、そうなんだけど。ただ、なんとなくスッキリしないなあ。

江島：しょうがないさ。相手が悪すぎたよ。それよりまた頑張ろうぜ。

黒木：まったく、この1年半は何だったんだよ。
課長の顔まともに見られないぜ。

江島：課長だってわかってくれるさ。

黒木：ああ。

Notes

例の (the person, thing) in question、件 matter, case、いまさら (especially) now、じたばたする struggle、かんじん vital、こぎつける arrive、上の人 superior、話を通す talk with

COFFEE BREAK

ひとりごと(1)「喜ぶ」

◎皆さんは、会社で何か嬉(うれ)しいことがあった時、どんなふうに喜びますか？

①新しい契約(けいやく)が取れた（やった）

②昇進(しょうしん)が決まった（よし）

③部下ができた（頑張(がんば)るぞ）

④新しいコンピューターが導入された(よーし)

⑤有給休暇(ゆうきゅうきゅうか)が取れた（ラッキー）

⑥自分の課の売り上げが増えた

（そうこなくっちゃ！）

8．一日の別れの挨拶 Parting at the end of work

基本会話

野崎：お先に失礼します。
大沢：おつかれさまでした。

戦略表現

1 外出時
When stepping out of the office briefly

① ちょっと、銀行まで行ってきます。— 行ってらっしゃい。
② じゃあ、行ってまいります。— 気をつけて。
③ すぐ戻ります。
④ 何時ごろ戻りますか。— 4時ごろ戻ります。
⑤ ちょっとタバコ買ってくるね。Ⓕ

2 帰社時
When returning to the office

① 戻りました。— お帰りなさい。(※1)
② ただいま。Ⓕ — おかえり。Ⓕ
③ ただ今戻りました。— ご苦労さん。

3 退社時
When leaving the office after work is finished

① お先に失礼します。— おつかれさまでした。
② お先に失礼します。— ご苦労さまでした。(※2)
③ 悪いけど、お先に。Ⓕ — おつかれさまでした。
④ じゃあ、失礼します。— おつかれさま。
⑤ また明日。
⑥ さようなら。

Notes

※1 "Okaerinasai" is sometimes pronounced "Okaennasai."
※2 You shouldn't say "Gokurosama" or "Gokurosamadeshita" to your seniors.

実用会話—1 ◀書類を届(とど)けに行く　Delivering a document

㊖ **尾崎(おざき)**：下村さん、早くこの書類持っていかないと。先方(せんぽう)さん、待ってるよ。

③ **下村(しもむら)**：はいはい。……これ、もうちょっとで終わるんで……。

尾崎：そんなの後でいいから。早く早く。

下村：わかりました。じゃあ、したくします。

尾崎：頼むよ。わたしからもよろしくと言っといてくれ。

下村：はい、承知(しょうち)しました。戻りは、たぶん4時ごろになると思いますが……。

尾崎：わかった。とにかく、終わったら連絡してくれ。

下村：はい、じゃあ行ってまいります。

尾崎：ああ、気をつけて。

実用会話—2 ◀5時、終業(しゅうぎょう)のチャイムがなる　The 5 o'clock bell rings

⑤ **鈴元(すずもと)**：あーあ、もう5時だよ。

② **古市(ふるいち)**：さえない顔して、どうしたんですか。

鈴元：どうもこうもないよ。今日は、"花金(はなきん)"だっていうのに、こっちは残業だよ。

古市：大変ですねえ。まだ、だいぶあるんですか。

鈴元：ああ、あと2時間ってとこかな。まったく、
午後(ごご)の外出(がいしゅつ)がひびいたよ。予定になかったからなあ。

古市：お手伝いしたいところなんですけど……。

鈴元：いいのいいの、気にしないで。どうせ、どっか行くんだろう。さっき、鈴木君来てたもんな。

古市：ええ、同期(どうき)でちょっと……。じゃあ、お先に失礼します。

鈴元：おつかれさん。

Notes

先方 the other party、したくする　prepare、花金 a friday in which there is no work on the following Saturday

9．しばらく会わない人への挨拶

When you won't meet a person for some time

基本会話

佐藤(さとう)：今回、ちょっと長くなるけど、留守(るす)をよろしく頼むよ。

田中(たなか)：わかりました。じゃ、体に気をつけて行ってきてください。

戦略表現

1 行く人に

To a person who is leaving

① 行ってらっしゃい。

② 行ってらっしゃいませ。

③ お帰りは？

④ お気をつけて。

⑤ お元気で。

⑥ お土産(みやげ)、待ってるね。Ⓕ

⑦ お土産はいいからね。Ⓕ

2 残る人に

To a person who is staying

① 行ってきます。　② 行ってまいります。　③ お土産は何がいい？Ⓕ

3 長期間(ちょうきかん)会わないとき

When you won't see someone for a long time

① 長い間、本当(ほんとう)にお世話になりました。

② 短い間でしたが、お世話になりました。

③ 長い間いろいろお世話になりました。

④ 公私(こうし)ともども、本当にお世話になりました。

⑤ お体に気をつけてください。

Notes

気をつける take care、土産 souvenir、公私ともども both officially and privately

4 海外赴任する人に

To a person being transferred abroad

① 頑張ってください。
② お手紙出しますね。
③ 奥様にもよろしく。
④ 体に気をつけてくださいね。
⑤ 何か必要なものがあったら知らせてね。Ⓕ

5 退職する人に

To a person who is retiring

① 新しい職場でも頑張ってください。
② ときどきは遊びにいらしてくださいね。(※1)
③ 長い間ご苦労さまでした。(※2)
④ 長い間、おつかれさまでした。

6 栄転する人に

To a person who is being transferred to a higher post.

① おめでとうございます。
② ご栄転おめでとうございます。
③ ご活躍を期待しています。

実用会話ー1 ◀大阪に栄転する上司に

To a superior who is being transferred to a higher post in Osaka

㊫ **片山**：江口さん。ご栄転おめでとうございます。
(副社)**江口**：いやあ、ありがとう。
片山：大阪支社の副社長になられたんですって。
江口：ああ。
片山：たいしたもんですね。ますますのご活躍をお祈りしております。
江口：いやあ、どうも。だけど、単身赴任だからねえ。大変だよ。

Notes

職場 one's place of work、いらして＝いらっしゃって＝(Ho)来て、ご苦労様 (Lit) Thank you for your trouble、栄転する be transferred to a higher post、

※1 The speaker here doesn't necessarily expect that the person will come to visit, but rather is just being polite.

※2 This should be said to one's seniors or superiors (boss, etc.).

実用会話―2 ◀長期の海外出張が決まった取引先の営業マンが挨拶に来た

A salesperson who will be abroad for some time comes to express farewell

⑥ **寺島**：いつもお世話になっております。実は、来週から1カ月の予定でイギリスに行くことになりましたので、本日はご挨拶に伺いました。

㊫ **西条**：それはご丁寧に。

寺島：それでですね、その間こちらの鈴木が御社を担当することになりましたので、何かありましたら鈴木にお申し付けください。

西条：わかりました。寺島さんも気をつけて行ってらしてください。

寺島：どうもありがとうございます……。

実用会話―3 ◀海外赴任が決まった同僚に

Congratulating a coworker who will be transferred abroad

⑧ **ラム**：村田さん、今度シンガポール支店に転勤だそうですね。前から希望されてたんでしょ。おめでとうございます。

⑫ **村田**：ありがとうございます。あっ、そうだ。この前やめたディックさんはシンガポールでしたよね。

ラム：はい。そうです。彼はたしかシンガポールの日本企業で働いていると思いますよ。

村田：そうか。むこうで会えるといいなあ。

ラム：ちょっと調べてみましょうか。

村田：悪いね。そうしてくれる。

ラム：はい。そしたら、私も今度の夏休みに帰りますから、3人で会いましょうか。

村田：そりゃ、いいや。今から楽しみだなあ。

Notes

伺う＝(Hu)来る、申し付ける tell, instruct

実用会話—4 ◀退職する同僚と
To a coworker who is resigning from the company

④ **クリントン**：田中さん、短い間でしたけれど、本当にいろいろありがとうございました。

⑧ **田　中**　：さびしい(※)な。ジョージ、いなくなっちゃうなんて。アメリカへ帰るんだって？

クリントン：ええ、向こうでまた同じような仕事を探(さが)そうと思っているんですよ。

田　中　：そう。ま、とにかく頑張ってね。日本に来ることがあったら、ぜひ連絡(れんらく)してよ。

クリントン：どうもありがとう。田中さんも頑張ってください。

田　中　：クリスマスカードぐらいはちょうだいね。

実用会話—5 ◀退職時(たいしょくじ)に　When resigning from a job

③ **チェ**：部長、長い間本当にお世話になりました。

㊫ **松本(まつもと)**：おう、今日か。

チェ：ええ、今日で退職することになりました。

松本：長い間、ご苦労(くろう)さん。そうか、残念だなあ。韓国(かんこく)に帰るんだって？

チェ：はい。

松本：向こうでも頑張ってください。

チェ：どうもありがとうございます。部長もお体に気をつけて。

松本：うん、ありがとう。

チェ：韓国は近いですから、ぜひ遊(あそ)びにいらしてください。ご案内いたします。

Notes

さびしい feel sad、いなくなる be gone、探す look for、とにかく anyway、ちょうだい＝(In)ください、退職する quit one's job、ぜひ by all means、案内する show around

※さびしい is usually pronounced　さみしい.

10. おれとおわび　Expressing gratitude and apologies

基本会話

(お礼)

石橋：先日は、たいへん結構なものをいただきありがとう。

山口：いいえ、ほんの気持ちばかりです。

(おわび)

田中：課長、会議に遅れてしまい、本当に申しわけありませんでした。

野崎：どんな理由があるにせよ、遅刻は絶対だめだよ。時間厳守で。

田中：はい、次から気をつけます。

戦略表現

1 感謝する

Thanking someone

① ありがとうございました。

② ありがとうございます。

③ すいません。

④ 助かりました。

⑤ どうも。Ⓕ

⑥ サンキュー。Ⓕ

⑦ ありがとう。Ⓕ

2 わびる

Apologizing

① 本当に申しわけありません。

② 申しわけありません。

③ すいません。

④ すみません。

⑤ 失礼しました。

⑥ ごめんなさい。

⑦ ごめん。Ⓕ

⑧ 悪い。Ⓕ（男）

⑨ 許して。Ⓕ(女)

⑩ 申しわけない。Ⓕ

⑩ すまん。Ⓕ(男)

Notes

サンキュー＝Thank you.、助かる be a help、失礼しました I'm sorry.

実用会話―1 ◀母親の葬式（そうしき）の手伝いに来てくれた同僚に

Expressing thanks to coworkers who helped at your mother's funeral

㊛⑳ **津久井（つくい）**：先日は、母の葬儀（そうぎ）のお手伝いに来ていただいて、ありがとうございました。

② **立花（たちばな）**：いえいえ、それより大変（たいへん）でしたね。

津久井：お休みのところ、わざわざ……。

本当にすみませんでした。

立　花：そんなにおっしゃらないでください。

津久井：これ、つまらないものですけど……。

立　花：あ、困ります。そんなことされちゃ。

津久井：いいえ、ほんの気持ちですから……。

立　花：そうですか。かえって申しわけありません。

実用会話―2 ◀同僚に仕事を手伝ってもらう

When a coworker helped you with some work

③ **沖（おき）**：できたよ。ここまででいいんだよね。

④ **朝比奈（あさひな）**：あ、ありがとう。助（たす）かったよ。

沖：コーヒーでも飲む？　買ってくるけど。

朝比奈：え？

沖：コーヒー。

朝比奈：ああ悪いね、じゃあ、ブラック。

（コ－ヒ－を持ってくる）

沖：はいよ。(※)

朝比奈：お、サンキュー。

Notes

おっしゃる＝(Ho)言う、つまらないもの a little thing、ちゃ＝(Ab)ては、ほんの just、かえって on the contrary、できる finish、ブラック black coffee、はいよ Here you are.

※ "はいよ" should be used only with very close friends. When you speaking to seniors, use "はい、どうぞ。"

実用会話－3　◀資料室から借りていた商品のネガをなくしてしまった

When you have lost some film negatives from the company archives

①　**福島**：あのう、先週お借りしたネガなんですけど……。

女⑤　**宮崎**：はい？

福島：実は、なくしてしまったようで……。

宮崎：えっ？　商品サンプルのですか。

福島：ええ、一生懸命探したんですけど見つからないんです。

宮崎：ああ、あれ、ありネガだから大丈夫ですよ。そんなに心配しなくてもよかったのに。

福島：本当に申しわけありません。以後、気をつけます。

実用会話－4　◀お客様が約束の時間に遅れて来た

When a visitor is late for an appointment

課　**宮沢**：どうもたいへん申しわけありませんでした。お約束の時間に遅れまして。

課　**佐藤**：どうかなさったんですか。

宮沢：ええ、実はタクシーで来たんですが、首都高で事故っちゃいましてね……。

佐藤：えっ？　大丈夫だったんですか。

宮沢：ええ、接触事故だったものですから。ただ、どうしても連絡が取れませんで。

佐藤：いいえ、ご無事でなによりでしたね。

宮沢：ええ、ありがとうございます。今回のことで、わたしも携帯電話の必要性を実感しましたね。

佐藤：そうですね。今日はたいしたことなくてよかったですけど、どうしても連絡を取らなくてはならないということもありますからね。

Notes

ネガ film negative、なくす lose、商品サンプル a merchandise sample、見つかる be found、ありネガ the copy of a film negative、以後 from now on、首都高＝(Ab)首都高速道路、事故る＝(Sl)事故を起こす／事故に遭う cause an accident/be in an accident、接触事故 a minor collision、無事 safe、携帯～ portable、実感する actually feel

実用会話—5 ◀同僚の書類の上にインクをこぼしてしまった

After spilling ink on a coworker's document

③ **会田**：ごめん、相川さん。

④ **相川**：えっ、どうしたの？

会田：インクこぼしちゃった。これ……。

相川：ええ！　うそー！　ひぇー、これ時間かかったんだぜ……。

会田：すいません。

相川：しょうがない、やり直そ……。

会田：今日、昼飯おごるから……。

相川：うん、そうしてよ。うなぎの特上ね。

COFFEE BREAK

ひとりごと(2)「落ちこむ」

◎皆さんは、仕事のうえの失敗などで落ちこんだ時、どんなことを言いますか？

①契約を競争会社に持っていかれた。
（あーあ、またか。）

②ボーナスが少なくなった。
（あー、ショック！）

Notes

こぼす spill、やり直す do over again、おごる treat someone (to a meal)、うなぎ eel、特上 the finest

11. 冠婚葬祭（かんこんそうさい） Ceremonial occasions

基本会話

（同僚の結婚式で）

森田（もりた）：この度（たび）はおめでとうございます。いつまでもお幸（しあわ）せにね。

上田（うえだ）：どうもありがとう。

戦略表現

1 お祝（いわ）いの時の決まり文句
Congratulating someone

① どうもおめでとうございます。　② おめでとうございます。

③ おめでとう。Ⓕ

2 お悔（く）やみの時の決まり文句
Expressing condolences

① この度はとんだことで……。どうか、お力落（ちからお）としのないよう……。

② この度は、どうも……。

③ この度はまことにご愁傷（しゅうしょう）さまでした。

④ お母さんのこと、聞いたよ……。早く元気になってね。Ⓕ

⑤ 大変だろうけど、がんばってね。Ⓕ

慶弔電報例（けいちょうでんぽうれい）

①ご結婚おめでとうございます。（結婚）

②ご結婚おめでとう。お二人の船出（ふなで）に幸（さち）多かれと祈（いの）ります。（結婚）

③ご栄転（えいてん）おめでとうございます。（栄転）

④お誕生日おめでとうございます。（誕生日）

⑤ご逝去（せいきょ）を悼（いた）み、つつしんでお悔（く）やみ申し上げます。（お悔やみ）　[NTT 調べ]

Notes

力を落とす be disheartened、とんだこと terrible experience、まことに＝(Fo)本当に、ご愁傷さまでした I sympathize with you.

実用会話－1 ◀近々(ちかぢか)結婚する先輩に

To a senior coworker who is getting married soon

㊛⑤ **大久保(おおくぼ)**：あっ、足立さん、結婚するんですってね。どうもおめでとうございます。

⑦ **足立(あだち)**：どうも。

大久保：どんな方なんですか、奥様(おくさま)になる方って。

足　立：女の人だよ。

大久保：じゃなくて！　どこで知(し)り合(あ)ったんですか。

足　立：大学のクラブの後輩(こうはい)なんだ。

大久保：へえ、そうなんですか。今お仕事はしてるんですか。

足　立：ああ。

大久保：結婚しても続けるんですか。

足　立：しばらくは共かせぎじゃないかな。うちの会社、給料(きゅうりょう)安いだろ。

大久保：そうですねえ。

実用会話－2 ◀母親を亡(な)くして休んでいた同僚が出社してきた

To a coworker who returns to the company after taking some time off after his/her mother's death

② **田代(たしろ)**：あ、お早ようございます。

㊛⑳ **津久井**：お早ようございます。

田　代：あのう、この度はどうも……。

津久井：ああ、どうも……。ずいぶん休んじゃって、ごめんなさいね。何か変わったこと、なかった？

田　代：いいえ、特に。

津久井：そう、じゃあ、ちょっと皆(みな)さんにご挨拶に行ってくるわね。

Notes

奥様＝(Ho)奥さん、知り合う get to know each other、後輩 younger student、ずいぶん very、特に～ない not in particular

実用会話―3 ◀最近、父親に不幸のあった取引先が来社した

To a client whose father has died

㊍ **山口**：どうも、お久しぶりです。

課 **安藤**：お久しぶりです。お元気でしたか。

山口：ええ。あのう、お父様のこと伺ったんですが……。

安藤：ああ、どうも……。

山口：何も知りませんで、失礼しました。

安藤：いいえ。

実用会話―4 ◀亡くなった肉親のことを尋ねてしまった

Apologizing after asking about someone's close relative whose death you didn't know about

③ **キートン**：青木さんのお母さんて、今おいくつ？

㊛② **青木**：母はね、去年亡くなったの。

キートン：あ、ごめんなさい。悪いこときいちゃって。

青木：ううん。気にしないで。

キートン：ほんとに、すいません。

青木：大丈夫よ。それよりなんで母のことなんかきいたの？

キートン：あ、別に大したことじゃなかったんだけど……。

実用会話―5 ◀初めて男の子が生まれた上司に

Congratulating your boss on his first son

⑥ **熊谷**：おめでとうございます。男の子だったそうですね。お名前はもう？

主 **大林**：いやあ、待望の男の子でねえ、まわりがうるさくてなかなか決まらないんだよ。

Notes

待望の long-awaited、まわり those aroud me

電話の応対フローチャート

「電話の応対」には、独特の順番や決まりがある。下の図は、それらをわかりやすく表している。(( )内は、テキストのページを示している)

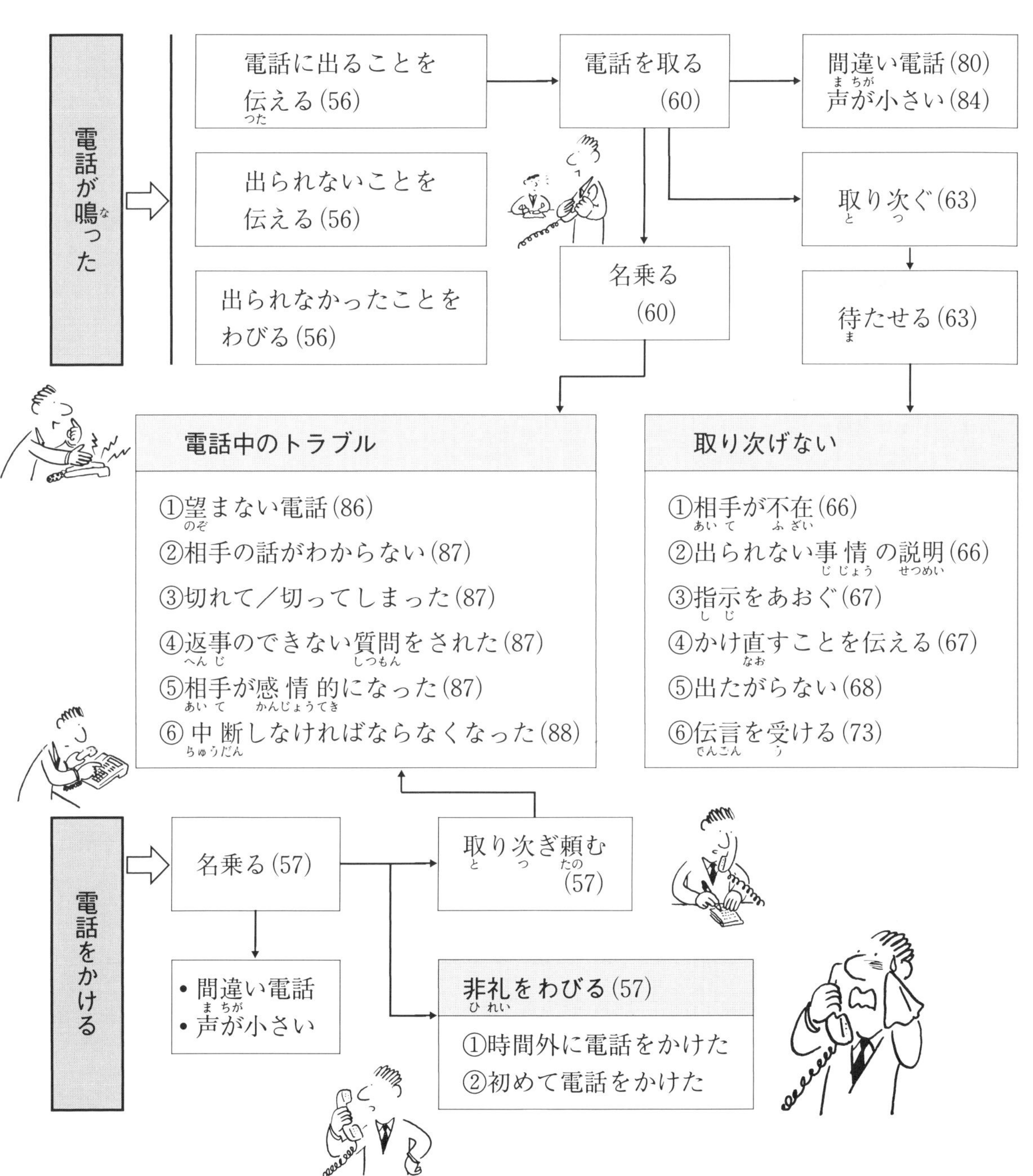

第２章 電話の応対(おうたい)

■ Chapter 2　Telephone Conversation

1．電話が鳴った時の対応　When the phone is ringing

基本会話

クリス：すみません(※1)！　電話、お願いします。

児玉(こだま)：はーい！

戦略表現

1 電話に出ることを伝える

Saying that you will answer the phone

① あ、わたしが(※2)……。

② 出ます！

③ わたしが出ます！

④ 取ります。

⑤ 出る、出る！ Ⓕ

⑥ いいよ、いいよ。Ⓕ

2 自分が電話に出られないことを伝える

Saying that you can't answer the phone

① すみません！

② お願いします！

③ 出てください！

④ ごめん！ Ⓕ

⑤ 電話、出て！ Ⓕ

⑥ 電話、頼む！ Ⓕ

⑦ だれか出て！ Ⓕ

⑧ 出て、出て、早く！ Ⓕ

⑨ 悪い！ Ⓕ

3 自分が電話に出なかったことをわびる

Apologizing for not being the one to answer the phone

① すみません。

② すみませんでした。

③ あ、どうも。Ⓕ

Notes

電話に出る answer the phone、電話を取る answer the phone; pick up the receiver、頼む＝お願いする

※1　"Sumimasen" is usually pronounced "Suimasen."

※2　When you want to emphasize "Somebody does/did something," you should use "～が" not "は."

2．電話をかける　Making a call

基本会話

受付：ABC 商事(しょうじ)でございます。

野崎(のざき)：港(みなと)銀行六本木支店の野崎と申しますが、いつもお世話になっております。

戦略表現

1 電話をかける時の決まり文句
Set phrases for a making call

① ABC 商事のデュポンですが、お世話になっております。

② 横浜自動車のキムと申しますが、いつもお世話になっております。

③ 江原(えばら)ですが、先日はどうも。

2 取り次ぎを頼む
Asking for a certain person

① 編集長の毛利(もうり)様※1いらっしゃいますか。

② 営業 2 課の山野(やまの)様、お願いします。

③ 鈴木(すずき)さん、お願いします。

④ 吉野(よしの)さん、いる？ Ⓕ

3 営業時間外の電話の非礼(ひれい)をわびる
Apologizing for calling out of a client's business hours

① お昼時(ひるどき)に申しわけありません。

② お昼休みに申しわけないんですが……。

4 突然電話する非礼をわびる
Apologizing for calling without prior introduction

① 初めてお電話いたします。

② モデルさん斡旋(あっせん)のことで、ADF の大杉(おおすぎ)様から、御社(おんしゃ)の河野(かわの)様をご紹介いただいたんですが……。

Notes

支店 branch、申す＝(Hu)言う、編集長 chief editor、昼時 lunch time、斡旋する mediate、ご紹介いただく＝(Hu)紹介してもらう

※1　You should use "-sama" (not title) when addressing a person from another company.
◎Wrong「山田部長、いらっしゃいますか。」　◎Correct「部長の山田様、いらっしゃいますか。」

実用会話ー1 ◀夜遅くかける　When calling late at night

㊟ **スミス**：スター電気(でんき)、PR 課です。

㊋ **佐々木(ささき)**：ロードンの佐々木ですが、スミスさん？

スミス：あ、はい。こんばんは。

佐々木：遅くまで、頑張(がんば)ってますねえ。

スミス：いえ、ここんとこだけなんですけどね。

佐々木：すいませんが、吉田(よしだ)さんいらっしゃいますか。

実用会話ー2 ◀昼休みにかける　Calling during lunchtime

5 **ロペス**：スター電気でございます。

⑥ **西川(にしかわ)**：広田輸送(ひろたゆそう)の西川と申しますが、お昼時(ひるどき)に申しわけありません。

ロペス：いいえ、いつもお世話になっております。

西川：おそれいりますが、渡辺(わたなべ)さん、お願いしたいんですが。

☆You should not call during lunchtime.

実用会話ー3 ◀初めてかける　Calling a person for the first time

課 **太田(おおた)**：はい、平川商事(ひらかわしょうじ)、営業２課。

㊖ **野原(のはら)**：初めてお電話いたしますが、スター電気の野原と申します。

太田：はい。

野原：私どもで扱(あつか)っております商品のことなんですけれども、ABC 商事の清瀬(きよせ)様から太田様をご紹介いただいたんですが……。

Notes

ここんとこ＝(Co)ここのところ；最近、〜輸送 〜Transport Co.、私ども＝(Fo)わたしたち、扱う deal in、商品 merchandise

☆For business calls, you should not use “Moshi moshi.”

☆When you finish, wait until the other person hangs up.

実用会話―4　◀親しくしている取引先にかける

Calling a client with whom you are on close terms

課　**松本（まつもと）**　：東京電線（でんせん）です。

課　**ラーソン**：あ、松本さんですか。ラーソンです。

松本　：ラーソンさん、こんにちは。

久しぶりじゃないですか。で、今日（きょう）は？

ラーソン：注文（ちゅうもん）です。

松本　：どうもありがとうございます。

で、ご注文は何ですか。

ラーソン：今ファックスで送ったんですけど……。

松本　：ああ、来てますよ。ちょっと待ってください。

はい、わかりました。どうもありがとうございます。明日（あした）には発送できると思います。

ラーソン：わかりました。それから、こないだは、お土産（みやげ）をいただいて、ありがとうございました。

松本　：いえいえ、とんでもない。

ラーソン：それで、ハワイは何日間行ってらしたんですか。

松本　：１週間ですよ。仕事が５日間で休暇が２日間ってところですか。

ラーソン：よかったですねえ。わたしも、そんな身分（みぶん）になりたいですよ。あっ、チョコレート、みんなでいただきました。おいしかったですよ。

松本　：それはよかった。

ラーソン：じゃあ、部長さんにもよろしくお伝えください。

松本　：はい、わかりました。またこちらにもいらしてくださいね。

ラーソン：ありがとうございます。では、失礼します。

松本　：失礼します。

Notes

電線 cable、発送する send、こないだ＝このあいだ、土産 souvenir、休暇 vacation、身分 status、～によろしく伝える say hello to ～

3．電話を取る　Answering the phone

基本会話 1

―外線電話を取る―

蒲田(かまた)：柴田電気、総務部でございます。

吉田(よしだ)：横水(よこみず)電気の吉田と申しますが、蒲田さんいらっしゃいますか。

蒲田：私です。いつもお世話になっております。

吉田：こちらこそお世話になっております。

基本会話 2

―内線電話を取る―

大森(おおもり)：総務部です。

中田(なかだ)：営業の中田ですが、大森さんお願いします。

大森：はい、私(わたくし)です。

戦略表現

1 外線を取る時の決まり文句
When you answer a direct line

① 柴田電気、営業本部 4 課でございます。

② スター電機、広報部です。

③ ABC 商事でございます。

④ ありがとうございます。広田(ひろた)運送です。

2 内線を取る時の決まり文句
When answering from an extension line

① サービス部です。

② 制作(せいさく) 2 課でございます。

③ 前田(まえだ)です。

④ 小金沢(こがねざわ)課長の机(つくえ)（小金沢課長席）です。

⑤ 桑原主任(くわはらしゅにん)のデスクです。

Notes

制作 production、～の机です I'm answering your call from the desk of Mr./Ms. ～.、主任 leader, chief

☆ You shouldn't use any abbreviations that are used in your company when speaking to people not from your company.

3 電話を受けた時の決まり文句
Set phrases for answering the phone

① こちらこそ、お世話になっております。

② こちらこそ。

③ はい、わたしです。

④ はい、わたしですが(※1)……。

⑤ 先日はどうも。

⑥ お疲(つか)れさまです(※2)。

実用会話―1 ◀かけてきた相手がだれかわからない場合
When you don't recognize the caller

次	**デュポン**	：ABC 商事のデュポンですが、お世話になっています。
課	**山野(やまの)**	：こちらこそ、お世話になっております。
	デュポン	：営業2課の山野様、いらっしゃいますか。
	山野	：はい、わたしですが……。

実用会話―2 ◀よく知っている相手と話す場合
When you speak with a person who you know well

③	**細川(ほそかわ)**	：ハート自動車販売(はんばい)湘南(しょうなん)営業部でございます。
王	**キム**	：横浜(よこはま)自動車のキムですが、本多(ほんだ)さんですか。
	細川	：細川です。本多はちょっと席をはずしてますが…。
	キム	：あ、細川さんですか。先日(せんじつ)はどうも。

☆ After answering a call for someone else, be sure to set the receiver down gently so as to avoid making a noise.

Notes

こちらこそ It's me/us, not you.、販売 sales、湘南 the southern area of Kanagawa Prefecture.、席をはずす leave one's seat

※1 「わたしですが……。」is used when you don't recognize the caller.

※2 You should say "お疲れさまです" when you answer a coworker's call.

4．取り次ぐ　Passing the call

基本会話 1

受　付　：橘(たちばな)工業でございます。

ギャバン：メルシー産業のギャバンですが、木田(きだ)工場長お願いします。

受　付　：メルシー産業のギャバン様ですね。少々お待ちください。

―電話を保留(ほりゅう)にして、近くにいる木田工場長に―

受　付　：工場長に、メルシー産業のギャバン様からお電話です。

基本会話 2

米谷(よねや)：山手不動産(やまてふどうさん)、経理部(けいり)でございます。

クック：飯山警備保障(いいやまけいびほしょう)のクックですが、和泉(いずみ)さんいらっしゃいますか。

米谷：お待ちください。

―内線電話で転送(てんそう)する―

和泉：はい、和泉です。

米谷：飯山警備保障のクック様から、お電話がはいっています。

和泉：はい。（外線ボタンを押す）お電話かわりました。

戦略表現

1 取り次ぐべき相手を確認する
Confirming the person to whom the call is to be passed

① 渡辺(わたなべ)ですね。

② 木村(きむら)は２人おりますが。

③ 女性のほうですね。

④ 総務部の鈴木ですね。

Notes

少々＝(Fo)少し、お待ちください＝(Ho)待ってください、保留にする hold a line、～不動産 real estate agent、～警備保障 security guard company、転送する transfer a line

☆ When you keep a caller waiting, you should put the line on hold.

2 相手を待たせる

Having kept the caller waiting

① はい、お待ちください。　② ちょっとお待ちください。

③ 少々お待ちください。　④ 少々お待ちいただけますか。

⑤ ちょっと待っててね。Ⓕ

3 取り次ぐ

When you hand the phone to another person

① 2番にロードンからです。

② 部長にお電話です。焼津建設(やいづけんせつ)の藤枝専務(ふじえだせんむ)、4番です。

③ 1番にABC商事の小池(こいけ)様からお電話です。

④ 課長に、山崎(やまざき)様という方から3番にお電話です。

⑤ 鈴木様という方から。女性の方です。

⑥ 山本(やまもと)さんに広田運送の経理(けいり)の方からです。7番です。

⑦ 川野辺(かわのべ)さん、奥(おく)さんから。Ⓕ

4 電話に出て名乗る

Giving the caller your name when the call has been passed to you

① お電話、かわりました。クリスです。

② お待たせいたしました。スミスですが……。

実用会話―1 ◀同僚(どうりょう)が出先(でさき)からかけてきた

When a coworker calls from a work site outside the company

③ ワン：はい、芝田(しばた)電気営業本部4課でございます。

④ 大平(おおひら)：あ、大平ですけど。

ワン：あ、お疲れさまです。

大平：あのう、まだ出先(でさき)にいるんだけど、課長いる？

ワン：お待ちください。(電話を保留にして) 課長、大平さんから5番です。

Notes

～建設 ～ construction、経理 accounting、本部 head office、出先 work site (outside the main office)

実用会話―2 ◀課長に取り次ぐ　Passing the call to the section chief

㊟ **スミス**：スター電機(でんき)、PR課でございます。
㊡ **佐々木(ささき)**：ロードン通信の佐々木です。課長、いる？
スミス：はい、お待ちください。
(電話を保留にして、内線で課長を呼び出す)
2番にロードンからです。
㊫ **中村(なかむら)**：え？　ロンドンから？
スミス：ロードン通信の佐々木さんです！
中村：はい、お電話かわりました。中村ですが。
佐々木：ああ、中村さん。ロードンの佐々木です。
中村：いつもお世話になっています。で、今日は……。

実用会話―3 ◀取り次ぐ相手を確認する
Confirming to whom the call is to be passed

② **クリス**：ABC商事でございます。
[6] **富山(とみやま)**：城南(じょうなん)トラベルの富山と申しますが……。
クリス：いつもお世話になっております。
富山：こちらこそ。おそれいりますが、
渡辺(わたなべ)様お願いしたいんですが。
クリス：渡辺は2人おりますが……。
富山：女性の方(かた)なんですけど。
クリス：あ、わかりました。少々お待ちください。
㊛⑤**渡辺**：お電話かわりました。渡辺ですが。
富山：城南トラベルの富山ですが。

Notes
～商事 trading company、～トラベル travel agency

COFFEE BREAK

漢字は悪魔の文字？

「日本語の勉強で、何がいちばん楽しいですか。いちばん大変なことはどんなことですか。」おもしろいことに、こんな質問に対する外国人の回答は、どちらも「漢字」がトップなんです。確かに非漢字圏の日本語学習者は、漢字マニアか、アンチ漢字の両極にわかれるようです。いずれにしても世界有数の表意(ひょうい)文字「漢字」のユニークさと、日本語における漢字の使われ方の複雑さによるのでしょう。古代中国で発明された漢字は周辺諸国に伝わり、その国の言語に大きな影響を与えましたが、日本語ほどその恩恵(おんけい)に浴(よく)した言語はありませんでした。昔から日本人は便利なものを輸入し、自分たちの使いやすいように改良することが得意だったのです。

それでは、漢字のおもしろさと、日本語における複雑な用法(ようほう)を簡単にご紹介いたしましょう。たとえば、日本の「日」という漢字は、太陽を意味する象形(しょうけい)文字でした。日本というものもそもそも中国から見て太陽が昇(のぼ)るほう（東の国）という意味です。英語と同じように日曜日の意味も持っていますし、太陽が出ている時間、さらに24時間の一日、その日という意味もあります。

日光(にっこう) sunlight　日食(にっしょく) an eclipse of the sun　日(ひ)の出(で) sunrise
日米(にちべい) Japan and U.S.　日中(にっちゅう) Japan and China
日曜(にちよう)、日曜日(にちようび) Sunday　日夜(にちや) night and day
土日(どにち) Saturday and Sunday
毎日(まいにち) everyday　一日(いちにち) a day　二日(ふつか) two days
平日(へいじつ) weekday　一日(ついたち) the first day of a month　先日(せんじつ) the other day
今日(きょう) today　今日(こんにち) recently, nowadays

以上のようにさまざまな読み方をするのが難点(なんてん)ですが、日本人が漢字に認めた有用性(ゆうようせい)は、その造語(ぞうご)力と視覚(しかく)に訴えかけるイメージ性です。どんなに難しい概念(がいねん)を表すことばでも、漢字の知識があればなんとなく意味をつかむことができるということです。

漢字が大好きな方はさらに研究を続けていただき、大嫌いだった方にも少しは興味を持っていただければと思います。漢字は「悪魔の文字」ではありません。おそれる必要はないのです。知っていて決して損はないはずです。

5．取り次げない場合　When a person is unable to answer the phone

基本会話１

シンハ：品川通商（しながわつうしょう）のシンハと申します。輸出部の曽根（そね）様、いらっしゃいますか。

菅原（すがわら）：申しわけありませんが、曽根はちょっと席をはずしております。

基本会話２

シュナイダー：ライン通信のシュナイダーと申しますが、営業３課の斉藤（さいとう）様お願いします。

角川（かどかわ）：申しわけありません。斉藤はただ今ほかの電話にでておりますが…。

戦略表現

1 取り次ぐべき人が不在であることを伝える

Telling the caller that the person to whom he/she wishes to speak is out

① 午後４時の帰社（きしゃ）予定になっております。
② ただ今、席をはずしておりますが…。
③ 本日（ほんじつ）は休暇（きゅうか）をいただいておりますが…。
④ 今週いっぱい休暇をいただいておりますが…。
⑤ 本日は取引先（とりひきさき）をまわっておりまして、午後からの出社になっております。
⑥ すぐに連絡を取ってみますので、お時間いただけますか。

2 電話に出られない事情を説明する

Explaining why a person can't answer a call

① ちょっとほかの電話にでているんですが。
② ただ今、会議中なんですが。
③ ただ今、接客中（せっきゃくちゅう）なんですが。
④ 電話中なんです。
⑤ ちょっと席をはずしておりますが、すぐに戻ると思います。
⑥ ちょっと席をはずしておるんですが、すぐに戻るとのことです。

Notes

予定 schedule、ただ今＝(Fo)今、本日＝(Fo)今日、休暇 vacation、今週いっぱい until the end of this week、取引先 client's office、まわる go around、接客する wait or meet a visitor

☆ When you are talking to somebody who's not from your company, you shouldn't use "-san" or a title in reference to a person from your company.

◎Wrong「鈴木部長は、ただ今外出中です。」　◎Correct「鈴木は、ただ今外出中です。」

3 待たせている相手に

Having the caller wait / After making the caller wait

① 今しばらくお待ちいただけますか。

② たいへんお待たせいたしました。

③ お待たせいたしました。

④ お待たせしました。

⑤ お待たせ。Ⓕ

4 取り次ごうとしたが、実は不在（ふざい）だった

When a person being called is not there

① 申しわけありませんが、ただ今、ちょっと席をはずしておるようでして……。

② たいへん申しわけありません。本日は、午後3時の出社予定になっておりました。

5 次の指示をあおぐ

Offering to take a message, etc.

① いかがいたしましょうか。

② いかがいたしましょう。

③ お待ちになりますか。

④ ご伝言（でんごん）、うけたまわりましょうか。

⑤ たいへん申しわけありませんが、まだ終わりそうもないんですが……。

⑥ 折（お）り返（かえ）し、お電話させましょうか。

6 電話し直すことを伝える

Asking when a person will return/Saying that you will call again

① 何時ごろお戻りの予定ですか。

② 何時ごろお帰りですか。

③ 何時ごろお戻りになりますか。

④ またそのころ、お電話いたします。

⑤ またあらためてお電話いたします。

⑥ それでは、4時ごろもう一度お電話いたします。

Notes

うけたまわる＝(Hu)受ける；receive、折り返し電話する call someone back、改めて＝(Fo)もう一度；again

☆ You should not use this unless you know the caller.

7 伝言を頼む

でんごん

Leaving a message

① 伝言、お願いできますか。

② (メモの準備は) いいですか。
じゅんび

③ (メモの準備は) よろしいですか。

④ お戻りになったら、お電話くださるようにお伝えください。

⑤ 戻られましたら、お電話くださるようにお伝えください。

⑥ 午後いちばんに、お電話くださるようにお伝えください。

⑦ お戻りになったら、お電話いただけますでしょうか。

⑧ 今日は、遅くまでオフィスにおりますので。

⑨ 私がいない場合には、広瀬までお願いいたします。
ひろせ

⑩ 電話のあったことだけ、お伝えください。
つた

8 取り次ぐ相手が出たがらない

When a person being called does not want to take the call

① いないことにしといてください。

② あとでかけるって言ってください。

③ いないって言って。Ⓕ

④ 今日一日中出てるって言って。Ⓕ
いちにちじゅう

⑤ 折り返しかけるからって言って。Ⓕ

(※1)
⑥ 10分後にかけなおすからって言っといて。Ⓕ
じっぷん ご

⑦ 会議中ということにしといてよ。Ⓕ

⑧ 手が離せないから、こちらから電話すると言ってください。

⑨ まずいなあ。休暇とってると、言っといて。Ⓕ

⑩ でたくないなあ。うまく断っといてよ。Ⓕ
ことわ

Notes

よろしい＝(Ho)いい、お戻りになる＝(Ho)戻る、場合 the case、しとく＝しておく、1日中 all day long

☆ If you know the person well, you should call him/her. That is the polite way in Japanese business.

※1 "Jippun" is usually pronounced "Juppun."

実用会話―1 ◀その日に戻る場合① When a person being called will return that day

課 **清水**(しみず)：営業２課の山野(やまの)様、いらっしゃいますか。

③ **瀬戸**(せと)：山野は本日取引先をまわっておりまして、帰社(きしゃ)は午後５時の予定になっております。

清水：それではまたそのころ、お電話いたします。

実用会話―2 ◀その日に戻る場合② When a person being called will return that day

部 **香川**(かがわ)：何時ごろお戻りの予定ですか。

女② **山根**(やまね)：午後４時の帰社予定になっております。

香川：お戻りになったら、お電話くださるようにお伝えください。

実用会話―3 ◀数日(すうじつ)帰らない場合 When the person being called won't return for several days

女⑦ **長崎**(ながさき)：ただ今、海外出張中(しゅっちょうちゅう)なんですが。

4 **伊勢**(いせ)：出社のご予定は何日ですか。

長崎：来月６日の月曜の出社になっております。

伊勢：それでは、この件をおわかりの方、ほかにどなたかいらっしゃいませんか。

実用会話―4 ◀取り次ぐべき相手がほかの電話にでている When the person being called is on another line

⑮ **柴田**(しばた)：申しわけありません。ほかの電話にでているんですが。

12 **高柳**(たかやなぎ)：すぐ終わりそうですか。

柴田：たった今、かかってきたばかりなので……。

高柳：じゃあ、ちょっと待たせていただきます。

Notes

お戻りの予定＝(Ho)戻る予定、海外出張する go abroad for business、おわかりの方＝(Ho)わかっている人、どなたか＝(Ho)だれか、たった今 just now、電話がかかってくる receive a call

実用会話―5　◀改めてかけ直してきたが、まだ目的の相手は話中だった

When a person being called is still on another line when called a second time

部　**長谷川**：まだ長くかかりそうですか。

⑤　**金　井**：なんとも申し上げられませんが…。お待ちになりますか。

長谷川：いや、わたしもこれから出てしまうんでね。

金　井：そうですか、ちょっとお待ちいただけますか。

（メモをわたしにいく）

㊛　**杉　山**：（電話を保留にして）

もうすぐだから、ちょっと待っててもらって。

金　井：お待たせいたしました。終わりそうなので、このままお待ちください。

長谷川：あ、どうも。

実用会話―6　◀取り次ごうとしたが、実は不在だった

When a person to whom you tried to transfer the line is not there

②　**奥野**：お待たせいたしました。たいへん申しわけありませんが、毛利は本日から出張でして、来週月曜日の出社予定になっておりました。

㊟　**若狭**：えっ、そうですか。困ったなあ。本日中に連絡いただきたいことがあるんですが。

奥野：定期的に連絡が入ることになっておりますので、その時お伝えできますが……。

若狭：そうですか、それではお願いします。午後３時ぐらいまではオフィスで待っていますが、それ以降は鈴木か山本宛にお返事くださるようにお伝えください。

奥野：かしこまりました。念のために、お電話番号お願いできますでしょうか。

若狭：はい。よろしいですか。３３２３の５５１４です。

Notes

長くかかる＝長く時間がかかる、申し上げる＝(Hu)言う、出張 business trip、連絡いただく＝(Hu)連絡してもらう、定期的に regularly、以降 after that、～宛に address to ～、念のため just in cace

実用会話―7　◀取り次ぐ相手がでたがらない

When a person being called does not want to take the call

③　**イズラエル**：お待ちください。

（電話を保留にして、取り次ぐ相手に）

青山(あおやま)さん、平川(ひらかわ)商事の太田さんという方からです。

㊛④　**青山**　　：えー！　いないって言って！今日一日中出てるって。

イズラエル：お待たせしました。申しわけありません。青山は本日一日中取引先を回っておりまして……。

太田　　：あ、そう。何時ごろお戻りですか。

イズラエル：本日は、たぶん戻ってこないと思うんですが。ただ出先から電話が入ることにはなっておりますが。

太田　　：そう。じゃあ、電話があったら、明日こちらにご連絡いただきたいと伝えてください。

イズラエル：わかりました。伝えておきます。念のため、お電話番号お願いします。

実用会話―8　◀伝言を頼む　Requesting someone to take a message

[部]　**野口(のぐち)**　：平川商事の野口ですが、松尾(まつお)部長はいらっしゃいますか。

㊛③　**ナンシー**：ただ今、ちょっと席をはずしておりますが。

野口　：あっそう。じゃあね、至急(しきゅう)電話をいただきたいんですが、これからほかの部屋に移(うつ)りますんで、ちょっとひかえてもらえますか。

ナンシー：はい、どうぞ。

野口　：１５３３の９８７１　こちらにかけていただきたいんですが。

ナンシー：わかりました。伝えておきます。

Notes

至急 as soon as possible、移る move、控える write down

6．本人にかわって応対する　Answering the phone for someone not there

基本会話

瀬　名　：AC 自動車の瀬名と申しますが、広報部の丸山さんいらっしゃいますか。

コッシュ：申しわけありませんが、ただ今外出しております。

瀬　名　：何時ごろお帰りになりますか。

コッシュ：夕方 4 時の予定になっておりますが……。

瀬　名　：じゃあ、お帰りになりましたら、お電話いただけますでしょうか。

コッシュ：承知いたしました。

戦略表現

1 現在自分しかいないことを伝える
Saying that you're the only person there

① 今、わたししかいないんですが。

② わたしのほかは、だれもおりません。

③ ほかのものは、全員ではらっております。

2 補助的な情報を与える
Conveying information about the person being called

① もう戻らないと思います。

② 鈴木は、3 時ごろ戻ると申しておりました。

③ 渡辺の帰社予定は、4 時になっております。

④ 山田は、5 分ぐらいで戻ると思います。

⑤ 申しわけありませんが、もう一度かけていただけませんか。

⑥ ちょっと、席をはずしています。

⑦ お待ちいただけますか。

Notes

～のほかは beside～、出払う all be out、おる＝(Hu) いる、申しておる＝(Hu) 言っている、帰社する go back to one's office、～になっている be supposed to～、席をはずす leave one's seat

3 日本語がまだうまくないことを伝える

Telling the caller that you don't speak Japanese well

① わたしは、まだ日本語よくわかりません。

② すみません、まだ日本語がよくわからないので……。

③ 簡単(かんたん)な日本語でお願いできますか。

④ 英語(えいご)でお願いできますか。

⑤ すみません、ゆっくり話してください。まだ日本語がよくわかりませんので…。

⑥ ゆっくりお願いします。

4 伝言を受ける

Taking a message

① ご伝言、うけたまわりましょうか。

② あ、ちょっとお待ちください。(書くものが見あたらないので……。)

③ (伝言、) お願いします。

④ お名前をもう一度お願いします。

⑤ オノダ産業の……？

⑥ ハヤカワ……様ですか(※)。

⑦ オノダ産業の早川様ですね。

⑧ 佐々木(ささき)がお電話する、ということですか。

⑨ お電話いただける、ということですか。

⑩ 念(ねん)のために、お電話番号、お願いできますか。

⑪ わかりました。わたし、カルロス＝ペレと申します。

⑫ 伝えておきますので。

⑬ 申し伝えますので。

⑭ 帰ってきたら、すぐ電話するんですね。

⑮ ファックスを見るように伝えておきます。

⑯ 明日の会議(かいぎ)は中止(ちゅうし)ということですか。

※ When you need to repeat the name of the caller, don't forget to address him/her with "-sama".

Notes

見あたらない cannot find、～産業 ～ Industry、～ということですか You mean that～？、念のために just in case、申し伝える＝(Hu)言っておく will tell

5 伝言を伝える

Conveying a message

① 佐々木から電話がありました。　② 佐々木から伝言をあずかっております。

③ たった今、本人から電話がありまして、５分ほど遅れるとのことです。

④ 先ほど、出先から連絡がはいりまして、もうそちらにむかっているそうです。

⑤ 20分ほど前にこちらを出ましたが……。

⑥ ご迷惑をおかけしますが、よろしくお願いいたします。

6 急いでいることを伝える

When the caller urgently needs to make contact

① 急いでいるんですが、連絡つけてもらえませんか。

② 急いでお伝えしたいことがあるので、連絡取っていただけないでしょうか。

③ 至急連絡を取りたいんですが。

④ 緊急な用件なんですが。

⑤ 急用なんですが。

⑥ なんとかつかまらないでしょうか。

7 連絡の手配をする

Telling the caller that you will try to contact the other person

① ちょっと連絡取ってみます。

② すぐに連絡を取ってみますので、少々お待ちいただけますか。

③ そのままお待ちください。

④ 電話をきってお待ちください。つかまりしだい、こちらからおかけします。

8 期待にそえない旨伝える

When contact can't be made

① ポケットベルで呼んでいるんですが、まだ連絡ないんです。

② 電波の届かないところにいるようなんですが。

③ 申しわけありません。どうしても席をはずせませんので。

Notes

預かる keep、本人 oneself; the very person、～とのことです He/She said ～、先ほど＝(Fo) さっき、～から連絡が入る have word from ～、向かう leave for、至急 urgently、連絡がつく connect、連絡を取る make contact、至急な用件＝急用、～しだい as soon as ～、ポケットベル a beeper、電波 electric wave、届く reach、どうしても～ない never

実用会話—1 ◀夜8時、自分以外は全員帰ってしまった

At 8:00 p.m., everybody has left except you

① カルロス：はい、シスター工業、広報部です。

国 早川(はやかわ)：小野田(おのだ)産業の早川と申しますが、布施(ふせ)さん、いらっしゃいますか。

カルロス：今、わたししかいないんですが。

早川：もう、皆様(みなさま)、お帰りですか。

カルロス：はい、みんな、帰りました。

早川：もう、戻られません？

カルロス：戻らないと思います。

早川：じゃあ、伝言、お願いできますか。

カルロス：すみません、わたしは、まだ日本語がよくわかりません。英語ができますか。

早川：困(こま)ったなあ。英語は苦手(にがて)だなあ。できません。

カルロス：じゃあ、簡単な日本語でお願いします。

早川：わかりました。布施さんに、お電話いただけるように伝えてください。

カルロス：布施がお電話するんですね。

早川：はい、そうです。

カルロス：いつすればいいですか。

早川：明日(あした)の朝いちばんにください。

カルロス：明日の朝9時でいいですか。

早川：はい。お願いします。

カルロス：すみません。お名前をもう一度、お願いします。

早川：小野田産業の早川です。

カルロス：オノダサンギョウのハヤカワ様ですね。わかりました。私、カルロス＝ペレと申します。伝えておきますので。

早川：じゃあ、よろしく。

カルロス：はい、失礼します。

Notes

皆様＝(Ho)みんな、お帰りですか＝(Ho)帰りましたか、伝言 message、苦手な be poor at、朝いちばん first thing in the morning

☆ If you are not familiar with the person's and his/her company's name, ask the phone number just in case.

☆ You should write the caller's and his/her company's name in katakana or the alphabet, because Japanese normally cannot recognize the name if it is written in different kanji even though the pronunciation is the same.

実用会話ー2 ◀出先の上司から緊急の伝言を受けた

Conveying an urgent message from your boss out on business

③ ジェフ：ロードン通信、広報部です。

主 朝岡 ：スター電機の朝岡と申しますが、御社の池永様と、11時に待ち合わせをしておりましたところ、この時間になっても、お目にかかれませんので、そちらにお電話、さしあげたわけなんですが……。

ジェフ：ああ、はい。先ほど、池永から電話がありました。「電車の事故があったので、お約束の時間に間にあわないかもしれません。でも、必ずまいりますので、そこで待っていてください。」と伝えるように頼まれました。

朝岡 ：わかりました。じゃあ、もうしばらくお待ちいたします。

ジェフ：ご迷惑、おかけしますが、よろしくお願いいたします。

実用会話ー3 ◀出先の営業マンに連絡を取るように言われた

When asked to contact a salesperson out on business

⑦ 工藤：申しわけありません。岡林は、ただ今出ておりますが。

8 水野：そうですか……。実は急いでいるんですが、連絡つけてもらえませんか。

工藤：ええ、じゃあ、ちょっと連絡取ってみますので。

水野：じゃあ、至急お願いします。

工藤：(30分後) すみません、先ほどお電話いただいた平川商事の工藤ですが。

水野：あ、どうも。電話入りました？

工藤：それが、ポケットベルで呼んでいるんですが、まだ連絡ないんです。いかがいたしましょう。

水野：そうですね、しょうがないですね。

工藤：申しわけありません。

水野：わかりました。まあ、とにかく待っていますから、お願いしますね。

Notes

待ち合わせする meet、おりましたところ＝(Fo)おったんですが、お目にかかる＝(Hu)会う、～ので…わけです＝Because ～, …、出る＝外出する

実用会話—4　◀相手の話がわからず、かわってもらう

Passing the call to a coworker when you don't understand what the caller is saying

7 **佐野**（さの）：栗栖（くるす）さん、お願いします。

⑥ **児玉**（こだま）：はい、お待ちください。失礼（しつれい）ですが……。

佐野：佐野と申します。

児玉：（電話を保留にして）クリスさん！　2番にお電話です。佐野さんという方（かた）。

女②**クリス**：佐野さん？　はーい、すいません。（電話にでて）
お電話かわりました。クリスです。

佐野：あ、どうも。さっそくですけど、例（れい）の春キャン、銀座（ぎんざ）のホコ天（てん）でオッケーだそうです。

クリス：あ、ちょっと……、どちらの佐野さんですか。

佐野：作報堂（さくほうどう）の佐野ですけど。

クリス：ちょっとお待ちください。（電話を保留にする）
児玉さん、この電話よくわからないんですけど、ちょっとかわってもらえますか。

児玉：ええ、いいですよ。（電話に出る）すみません、いまの者、日本語がよくわからないものですから、お電話かわりました。

佐野：え？　そちら、ダイヤ企画（きかく）さんじゃないんですか。

児玉：ええ、違（ちが）いますが……。

佐野：あ、どうも失礼いたしました。間違（まちが）えました。

児玉：ああ、どういたしまして。（電話をきる）

クリス：何の電話だったの？

児玉：間違い電話だよ。たぶんあの人、「栗栖さん、お願いします。」って言ったんじゃない？

クリス：日本人の名前にも"Chris"って、あるの？

児玉：「く・る・す」っていう名字（みょうじ）があるの。めずらしいけど。おかしいよね。

Notes

かわる change to another phone (person)、失礼ですが… Excuse me but ...、～という方 the person called ～、さっそくですけど well; first、春キャン＝(Ab)春のキャンペーン、ホコ天(Ab)歩行者天国、者＝(Hu)人、～ものですから Because ～、～企画 Planning Comp.、名字 family name、めずらしい rare, uncommon

実用会話ー5 ◀伝言を受ける　Taking a message

⑤ **榊原**(さかきばら)：じゃあ、メモしてください。いいですか。

③ **後藤**(ごとう)：はい、お願いします。

榊原：オレンジ社製(せい)、MM－V2100、マルチシンクモニター２台は、ご依頼(いらい)のとおり、先週の金曜日の午前中に発送(はっそう)しました。本日中には届(とど)くと思います。

後藤：わかりました。あの、申しわけありません、ハッピーコンピュータサービスの……？

榊原：サカキバラです。

後藤：サカキバラ様ですね。かしこまりました。

榊原：失礼ですが……。

後藤：後藤と申します。

榊原：じゃあ、お願いします。

後藤：はい、申し伝えますので。失礼いたします。

実用会話ー6 ◀会議中の相手に取り次げと頼まれた Someone in a meeting is called

④ **阿部**(あべ)：ただいま、会議中なんですが……。

部 **梨元**(なしもと)：緊急(きんきゅう)なことなので、申しわけありませんが、メモでもいれていただけないでしょうか。

阿部：はい、では少々お待ちいただけますか。

（メモをもっていってくる）

阿部：お待たせしました。申しわけありませんが、どうしても席をはずせませんので、折(お)り返(かえ)しお電話するとのことです。

☆ You shouldn't tell the client that you were told not to transfer the phone to your boss. In case of a persistent caller, you should pretend to try to transfer the line, but don't actually transfer.

Notes

メモする＝メモを取る、マルチ multi、シンク sync、モニター monitor、発送する send、届く reach、かしこまる＝(Hu)わかる Certainly, sir/ma'am.、メモを入れる hand a memo

COFFEE BREAK

「わかりにくい人名（じんめい）・地名（ちめい）」

外国人はもちろんのこと、日本人でも、人の名前や住所、地名などの固有名詞（こゆうめいし）は、聞き取りにくいものです。たとえば、「さいとう」さん、なのか「さとう」さんなのか、「おおさわ」さんなのか「おざわ」さんなのか？

逆に日本人も、外国人の名前や住所など、一回聞いただけではなかなかわかりません。特（とく）に、ぱぴぷぺぽ、がぎぐげご、ざじずぜぞ、だぢづでど、ばびぶべぼ、しゃしゅしょ……などは聞き取りにくいので、自己紹介する時には、たとえば「パンのパ」とか「旅行のリョ」などと、説明できるように練習しておくと便利でしょう。また、長音（ちょうおん）（のびる音）や促音（そくおん）（つまる音）なども大切ですので十分気をつけましょう。

7．間違い電話　Wrong number

基本会話

バーグマン：白金(しろがね)パールのバーグマンですが、販売(はんばい)の青木(あおき)さんお願いします。

原(はら)：失礼ですが、どちらにおかけですか。こちらは原法律事務所(ほうりつじむしょ)ですが……。

バーグマン：あ、たいへん失礼いたしました。

戦略表現

1 番号(ばんごう)違いであることを教える
Telling the caller he/she has the wrong number

① いいえ、違いますが……。

② こちらに山崎(やまざき)という者はおりませんが……。

③ 失礼ですが、どちらにおかけでしょうか。

④ 失礼ですが、何(なん)番におかけですか。

⑤ こちらは商品管理部(しょうひんかんりぶ)ですよ！ Ⓕ

2 相手を確(たし)かめる
Checking the number called

① すみません、１２３４の５６７８じゃありませんか。

② すみません、ABC 商事（様）じゃありませんか。

③ あれ、技術開発室(ぎじゅつかいはつしつ)じゃないですか。ごめんなさい。

3 間違い電話をわびる
Apologizing for a wrong number

① あ、失礼しました。

② たいへん失礼しました。

③ 申しわけありませんでした。

④ あ、すいませんでした。

⑤ あ、間違えました。すみません。

Notes

違う be wrong、こちら＝(Hu)ここ、どちら＝(Ho)どこ、おかけだ＝(Ho)かけている、間違える make a mistake

実用会話－1 ◀子供(こども)からの間違い電話　A child calls the wrong number

(5)　**片山(かたやま)**：おばちゃん、いる？

㊛⑩　**山野(やまの)**：おばちゃん？　ぼく、何番にかけたの？

片山：うん、ぼく武雄(たけお)。

山野：ぼく、何番にかけたの？

片山：１２３４の９８７６……。

山野：間違っちゃったのね。もう一度かけてみてね。

片山：はあい。

☆　You don't need to use keigo to children.

実用会話－2 ◀部署(ぶしょ)を間違えてかけてきた　Calling the wrong department

(21)　**河合(かわい)**：すみませんが、操作(そうさ)についてお聞きしたいんですが……。

④　**保科(ほしな)**：こちらは、ソフトウェア事業部(じぎょうぶ)でして…あのう、お客さまのご用件はサポートセンターでうけたまわります。サポートセンターは直通の番号がございます。おそれいりますが、そちらにおかけ直し願えませんでしょうか。番号は……。

実用会話－3 ◀相手が間違い電話に気づいていない①

A caller doesn't immediately realize he/she has called the wrong number

㊛㊟　**八木(やぎ)**：山崎(やまざき)さん、お願いします。八木です。さっきお電話いただいたそうで。

②　**角川(かどかわ)**：ヤマザキですか。こちらにはヤマザキという名前の者はおりませんが。失礼ですが、どちらにおかけでしようか。

八木：おたく、ジャパン・システム・サービスさんじゃありませんか。

角川：いいえ、こちらはジャパン・サービス・システムでございますが。

八木：あら、ごめんなさい。間違えました。

Notes

おば aunt、ソフトウェア computer software、事業部 general dept.、サポートセンター support center、直通の direct、おそれいりますが I'm very sorry, but、そちら＝(Hu)そっち、そこ

実用会話―4　◀相手が間違い電話に気づいていない②

A caller doesn't immediately realize he/she has called the wrong number

② 手塚(てづか)：JTPでございます。

(40) 花岡(はなおか)：あの、おたくの表計算(ひょうけいさん)ソフト、買ったんですけど……。

手塚：はい？

花岡：そのインストールがうまくいかなくて、おききしたいんですが……。

手塚：あのう、たいへん申しわけありませんが、こちらは広告代理店なんですけれども……。

花岡：えっ？　でも、JTPさんでしょ？

手塚：ええ、確かにそうなんですが、同じ名前の会社が都内(となない)に二つあるんですよ。もう一つのほうの会社ではないでしょうか。

花岡：あ、そうだね。いや、申しわけない。

手塚：いいえ、お役(やく)にたてませんで。失礼します。

実用会話―5　◀内線電話のかけ違い

When you have called the wrong extension

㊫ 赤木(あかぎ)：はい…。

④ 白石(しらいし)：あ、山(やま)ちゃん？　あのさあ、悪いんだけど、僕(ぼく)の机の上のファイル、ちょっとこっちまで持ってきてくんない？

赤木：どちらにおかけですか。こちらは研究室(けんきゅうしつ)ですが。

白石：あ、３６２じゃないの？

赤木：３２６ですけど。

白石：あ、どうも失礼。間違えました。

赤木：いいえ。

Notes

おたく＝(In)御社、表計算 table calculation、うまくいく go well、おききする＝(Hu)質問する、広告代理店 advertising company、都内 the Tokyo metropolitan area、役に立つ be of assistance

COFFEE BREAK

「日本人の“すみません”」

毎日、何十回も耳にする“すみません”に、いろいろな意味があるのはご存じですか。

まず、人を呼び止める時の“すみません”、それから謝(あやま)る時の“すみません”、そしてお礼を言う時の“すみません”。では、こんな場合はどうでしょう？

A：すみません。

B：はい、何ですか。ああ、それは、後でねっ、
　今忙(いそが)しいから。

A：すみません。……。（無言でそばに立っている）

B：しょうがないな。わかった、今見るから。

A：すみません。

この“すみません”を別の表現(ひょうげん)で表すことはできますが、そうすると、その部分だけが浮(う)きあがってしまうようで、会話全体として不自然(ふしぜん)な印象(いんしょう)を与えてしまいます。わざわざお礼を言ったり、謝(あやま)ったりするほどではないが、何も言わないのはちょっと、というような状況(じょうきょう)で、日本人は“すみません”を使うのです。

8. 相手の声や名前がはっきりしない

When you can't hear the other person's voice or name

基本会話

古谷：すみませんが、ちょっとお電話、遠いようなんですけれども……。

高野：もしもーし！　聞こえますか。

1 相手の名前を確認する

Confirming the caller's name

① 失礼ですが(※)……。　② 失礼ですが、どちら様でしょうか。

③ ハッピーコンピューターサービスの……？

2 発音が聞き取れない

When you can't understand what the caller is saying

① 浜本様ですか。　② 失礼しました。山本様ですね。

③ ランソン様ですか……、あ、ラーソン様ですね。

④「ラ」はのばすんですね。

⑤ スペルでお願いできますか。

⑥ ロンドンの「ろ」、日本の「に」、アメリカの「あ」ですか。

⑦ R(アール)O(オー)G(ジー)E(イー)R(アール)ですね。

☆ When you tell or confirm an English name or letters of the alphabet, be sure to pronounce them in the Japanese way so as not to further confuse the caller.

3 相手の声が小さい

When the caller speaks too softly

① ちょっとお声が遠いんですが。　② お電話が遠いようなんですが。

③ お声が遠いようなんですが。

④ ちょっと聞こえないんですけど、まわりがうるさくて。

⑤ 車がうるさくて、ちょっと聞き取りにくいんだ。Ⓕ

Notes

電話が遠い／声が遠い Your voice is hard to hear、どちら様＝(Ho)だれ、のばす lengthen (the vowel)

※ "どちら様" doesn't sound so refined, though it's the polite form of "だれ." However, most Japanese understand what you want to know when you say only "失礼ですが……."

実用会話－1　◀相手の名前を確認する　Confirming a person's name

6　**山本**：JPT の山本と申しますが……。

女①　**栗田**：浜本様ですか。

山本：いいえ、山本です。

栗田：あ、失礼いたしました。山本様ですね。

実用会話－2　◀社名を確認する　Confirming a company's name

課　**小森**：“カントーリカキカイ”の小森と申しますが……。

①　**エンジェル**：“カントリー・カキ会”様ですか。

小森：“関東・理科・機械”です。

エンジェル：失礼いたしました。“カントー・リカ・キカイ”様ですね。

実用会話－3　◀相手の声が聞き取れない　When you can't hear the caller

④　**川原**：アンドリューさん？　川原ですけど。今、渋谷です。

⑤　**アンドリュー**：はい？　もしもーし。

川原：もしもーし。聞こえますか。川原です。

アンドリュー：あっ、川原さん。お疲れさまです。今、どちらですか。

川原：渋谷なんですけど。あのう、何か電話入ってますか。

アンドリュー：もしもーし。川原さん、すみません、もう少し大きい声で。

川原：何か、電話入ってますか。

アンドリュー：いいえ。今のところはありません。

川原：わかりました。じゃあ、今から戻ります。

Notes

カントリー country、関東 Kanto area、理科 science、～会 ～ association、機械 machine

9．その他の電話のトラブル　Other telephone troubles

戦略表現

1 望まれざる電話に
Responding to unwanted sales calls

① 申しわけないんですが、そういうお話にはちょっと興味ないので……。

② ちょっと今、忙しいので……。

実用会話－1 ◀望まれざる電話①　Unwanted sales call

4 **春日**：TICトラベルの春日といいますが、大塚さんですか。

⑤ **大塚**：はい。

春日：おめでとうございます！

大塚：は？

春日：あなたは2000名の中から選ばれました。アメリカ旅行のチャンスです！

大塚：ああ、そういう話には興味がありませんので。

春日：え？　よろしいんですか。

大塚：すいません、急ぎの仕事がありますので。

実用会話－2 ◀望まれざる電話②　Unwanted sales call

6 **津村**：総務の方でいらっしゃいますか。

㊛⑩ **綾部**：ええ。

津村：失礼ですが、御社では社員の方の英語教育はどうなさっていますか。

綾部：ああ、私どもの会社は従業員の二割が外国人ですので、全員問題ありません。

津村：ああ、そうですか。では、外国人従業員の方の日本語教育は？

綾部：ええ、それも全員大丈夫です。

Notes

そういう＝(Co)そのような、興味がある be interested in、御社＝(Ho)あなたの会社、従業員 employee、二割＝20％

2 言葉の意味がわからない／相手の話す内容がわからない

When you can't understand what the caller is trying to say

① 申しわけありません。私ではわかりかねますので、ほかの者とかわります。

② すみません。わたしはまだ日本語が下手ですので、日本人とかわります。

3 通話中に突然きれて／誤ってきってしまった

After accidentally losing the connection with someone during conversation

① たいへん失礼いたしました。電話を落としてしまいまして……。

② 小銭がなくなってしまって……。

③ カードが終わってきれてしまって……。

実用会話—3 ◀転送の操作を間違ってきってしまった。

Accidentally losing a line when forwarding a call

国	露木：	山手生命の露木ですが、今、総務の土井様宛につないでいただいている途中できれてしまったんですが……。
女①	受付：	たいへん申しわけありません。もう一度おつなぎいたします。

4 簡単に返事ができない質問をされた

When you can't easily answer a caller's question

① 私にはわかりかねますので、少々お待ちいただけますか。

② さあ、ちょっとわかりかねますが……。

③ 私ではわかりかねますので、ちょっとお待ちいただけませんでしょうか。

④ 申しわけありません。勉強不足で、わたしにはわかりかねますので、ちょっとお待ちください。

5 相手が感情的になった

When the other person gets excited

① 今のところ、これ以上申し上げられませんので、上の者が戻りしだい相談いたしまして、折り返しお電話さしあげるということでいかがでしょうか。

Notes

内容 content、～かねる＝(Hu)～できない、～不足だ lack for、今のところ now、上の者 my boss; my senior

☆ When you have difficulty understanding Japanese polite speech, you should ask a Japanese co-worker for help.

6 中断しなければならなくなった　When you have to hang up

① 申しわけありません。ちょっと急用ができてしまいまして、折り返しお電話いたすということで、ちょっとよろしいでしょうか。

② こちらからお電話さしあげておきながら、たいへん申しわけないんですが、後ほど折り返しお電話いたします。

実用会話ー4 ◀社員の自宅の電話番号を教えてほしいといわれた When asked to give another person's home phone number

⑷⑻ ？：……それで、山本部長のご自宅の電話番号を教えてもらえないでしょうかね。

㊛⑤ キム：山本のですか。あのう、私にはわかりかねますので、少々お待ちいただけますか。（電話を保留にして、近くの同僚に）ちょっと変な人からなんだけど、部長の家の電話番号を教えろだって。よくわかんないんでかわってもらえる？

⑤ 佐藤：お電話、かわりました。どういったご用件でしょうか。

？：部長さんと直接話したいんですけどねえ。

佐藤：先ほどの者も申したかと思いますが、山本は本日外出しておりまして、こちらには戻らない予定なんですが。

？：あのね、昨日から何回も電話くれるように頼んでるんだけどね、ちゃんと伝えてもらってるのかな。

佐藤：ええ、それはもちろん。

？：じゃあ、何？　部長はかける気がないってことだね。

佐藤：いえ、そんなことはないと思います。

？：じゃあ、部長の自宅の電話番号、教えてよ。

佐藤：申しわけありません。規則で社員の自宅の電話番号は、お教えできないことになっているんですが。

？：規則？

佐藤：山本から連絡がはいると思いますので必ずお電話させるようにいたします。

？：まったくね……。失礼だけど？

佐藤：は？　あ、佐藤と申します。

Notes

電話がはいる have a phone call、どういった＝(Co)どのような；どんな、用件 the purpose for calling、直接 directly、〜する気がない don't want to do、規則 rule、まったく！ It's appalling!

COFFEE BREAK

「電話番号の読み方」

日本語で電話番号を読む時、数字は普通一つ一つ棒読みされ、市外局番・市内局番の区切りの「—」は、「の」と読まれます。

「0」は、「ぜろ」か「れい」か「まる」のいずれにも読まれ、「2」は「にい」、「4」は「よん」、「5」は「ごう」と2音節で発音されます。また、「7（しち）」は「1（いち）」と混同されやすいので、「なな」と読まれます。

市外局番は、東京・大阪が2桁、その他の大都市は3桁となっています。

例）東京都区内　03
　　大阪市内　　06
　　横浜市内　045
　　京都市内　075
（一部異なる地域もあります）

読み方の例）

0　4　4　—　2　0　5　—　3　1　0　7

「ぜろよんよんの　にいぜろごうの　さんいちぜろなな」

発音上の注意として、「44」や「31」など、「ん」の直後に母音や半母音がくるときに、[yo-nyon] や [sa-nichi] とならないように。「子音＋母音」のペアを音素の最小単位と考える日本人の耳にとっては、これは「よにょん」や「さにち」であって、[yon-yon] や [san-ichi] とはまったく違います。数字とはまったく関係のない言葉に認識されてしまうからです。

第3章 依頼

Chapter 3 Making a request

1. 依頼(いらい)する／依頼を受ける Making/Accepting a request

基本会話

宮永(みやなが)：今度(こんど)の研修会(けんしゅうかい)の申し込み、わたしの分(ぶん)もいっしょにしといてくれる？

深谷(ふかや)：うん、いいよ。

戦略表現

1 依頼する時の決(き)まり文句(もんく)
Making a request

① ワープロ打(う)ってもらいたいんだけど。Ⓕ
② もう一度やってほしいんですが。
③ お願いできますか。
④ やりなおしてくれますか。
⑤ お願いできないかなあ。Ⓕ
⑥ だめですか。
⑦ 早めにお願いしたいんですが。
⑧ ほかに頼める人がいないんです。
⑨ 至急(しきゅう)なんです。
⑩ あなたなら、仕事が早いから。Ⓕ
⑪ そこをなんとか。
⑫ 無理(むり)でしょうか。
⑬ とりあえず、話だけでもいいですから、聞いてくださいよ。
⑭ なんとかならないでしょうか。
⑮ うまくいきませんか。
⑯ どうにかなりませんか。
⑰ ついででいいんです。

2 依頼を受ける
Accepting a request

① いいですよ。
② わかりました。
③ じゃあ、やってみるか。Ⓕ
④ まあ、いいか。Ⓕ
⑤ よし、わかった。Ⓕ

Notes

研修会 seminar、やりなおす do again、早め early、無理 impossible、なんとか somehow or other、どうにか somehow or other、ついで while

実用会話—1 ◀ワープロでの文書作成を依頼する

Requesting someone to type something on a wordprocessor

⑥ ノーマン：中村さん、ちょっといいですか。この原稿なんですが。

㊛② 中村：はい。

ノーマン：3時からの会議なんだけれど、急にクライアントが来ちゃって、ワープロ終わりそうもないんですよ。それで続きを打ってもらいたいんだけど、お願いできますか。

中村：えっ、何枚ですか。

ノーマン：全部で5枚なんだけれど、今、2枚目の途中。ここまでだから、あと2枚なんだけど。

中村：ええ、いいですよ。

ノーマン：忙しいのに、すみません。お願いします。

実用会話—2 ◀仕事を取りたがっている友達に会ってくれるように頼む

Asking someone to meet a friend who wants to do some work

⑤ メイソン：部長、ちょっとよろしいですか。

㊫ 岩倉：はい。

メイソン：あの、今度のイベントの広告代理店のことなんですが。

岩倉：ああ、君、担当だったね。

メイソン：ええ、それで、実は、イギリス人の友達なんですが、日本で広告代理店に勤めていまして、創芸堂という会社なんですが。

岩倉：創芸堂ねえ、聞いたことないねえ。

メイソン：あまり大きいところじゃありませんので。今テレビでやってる、かつらのCMご覧になったことありません？　あれ、そこのなんですけど。

岩倉：ふうん、そうなんだ。

メイソン：ほかにも二三、流れてると思いますけど。会うだけでも無理でしょうか。

岩倉：じゃあ、ちょっと営業に聞いてみるか。

Notes

原稿 a draft、イベント an event、勤める to work、かつら a toupee, a wig、CM a commercial、ご覧になる＝(Ho)見る、流れる to be broadcast

2．依頼を断る Turning down a request

基本会話

杉森：幸田さん、悪いんだけど、もう３枚やってもらえないかなあ…？
幸田：えっ、あのう、手伝いたいのは山々なんだけど、このあと、得意先をまわらなきゃなんないし、ほんと、申しわけないけど…。
杉森：わかりました。

戦略表現

1 曖昧な理由で断る
Turning down indirectly

① ３時ごろまでかかると思うんですけど。
② 時間までにできないと思いますよ。
③ 間に合わないと思いますよ。
④ 全部できないと、申しわけないですから。
⑤ 悪いんですけど…。
⑥ ちょっと、難しいようだけど…。

2 はっきり断る
Turning down directly

① 今、手が離せないんですが。
② 今、急ぎの仕事しているんですけど。
③ ほかの仕事してるんですが。
④ 時間がないんですけど。
⑤ 手があかないんです。

3 断った後の決まり文句
Expressions often used after turning down a request

① 友達には、よろしく言っといてよ。Ⓕ
② 謝っておいてください。
③ すいませんと伝えてください。
④ またの機会に、ということで。
⑤ 今回はちょっと、ということで。
⑥ 次回は検討します。
⑦ 別の時にお願いするよ。Ⓕ

Notes

間に合う to be in time、手が離せない to be busy、手があく have free time、機会 an opportunity、次回 next time、検討する to examine、別の時 another time

実用会話―1 ◀コピー取りの依頼を断る　Turning down a request to make copies

③ **ホブソン**：早川(はやかわ)さん、コピーお願いします。

㊛① **早川**　：すいません、今ちょっと、手が離せないんですが。

ホブソン：会議が3時から始まるんで、急いでいるんですが。

早川　：あのう、部長から急ぎの仕事を頼まれてて、3時ごろまでかかると思うんですけど。

ホブソン：そうですか。

早川　：あのう、橋本(はしもと)さんなら、大丈夫じゃないでしょうか。

ホブソン：あっ、そうですか。じゃあ、橋本さんに聞いてみます。

実用会話―2 ◀部下から紹介(しょうかい)希望の依頼を断る
Turning down a request from a subordinate to meet someone

㊭ **岩倉(いわくら)**　：メイソンさん、さっきの代理店のことなんだけど。

⑤ **メイソン**：ええ、どうなりました？

岩倉　：ううん、難しいようだよ、新規(しんき)の参入(さんにゅう)は。

メイソン：ああ、そうですか、やっぱりね。

岩倉　：友達にはよろしく言っといてよ。またの機会(きかい)に、ということで。

実用会話―3 ◀沈黙(ちんもく)によって断る　Turning down a request by silence

Notes

代理店 agent、新規 new、参入 join

3．催促する Asking someone to hurry with something

基本会話

大岩：吉本さん、今月の報告書、まだでていないんだけど。

吉本：あ、すみません。ちょっとやることが多くて。帰るまでに書きあげますから。

大岩：なるべく早くね。

戦略表現

1 遠回しに催促する
Indirectly asking someone to hurry with something

① 月曜日までにいただけることになっていた資料の件なんですけど。

② 例の件、どうなっていますか。

③ まだなんでしょうか。

④ もう先方に連絡とってくれましたか。

⑤ あれ、どうなった？ Ⓕ

⑥ 何か忘れていない？ Ⓕ

2 催促する
Asking someone to hurry with something

① できるだけ早くお願いします。

② 至急お願いします。

③ 4時までにお願いしたいんですけど。

④ ちょっと、急いでいるものですから。

⑤ お客様がご覧になりたいとおっしゃるもので……。

⑥ 至急必要なもんで……。

⑦ 今日中ですよ。

⑧ 早くしてよ。Ⓕ

Notes

書きあげる finish writing、資料 data、例の usual、先方 the other party、必要な necessary

実用会話—1 ◀作成を約束した資料の催促をする

Pressing someone for some data promised

③ **藤島**：すみませんが……。

(部) **宮沢**：何？

藤島：月曜日までにいただけることになっていた資料の件なんですが……。

宮沢：あっ、あれ、もうちょっと待ってくれる？

藤島：いつ、いただけますか？

宮沢：ううん……。今日中になんとかすればいいかな？

藤島：ええ、お忙しいところ申しわけないんですけど、こちらもちょっと急いでいるものですから。

宮沢：わかった。できるだけ早く持ってくから、ごめんね。

藤島：いいえ。じゃあ、よろしくお願いします。

実用会話—2 ◀貸したお金の催促をする

Reminding someone about money lent

④ **設楽**：三浦さん、連休はどうだった？

⑤ **三浦**：ああ、友だちと海へ行ってね。いい天気だったけど、すごい渋滞で、帰ってくるのに6時間もかかっちゃったよ。

設楽：そう、たいへんだったのね。…あのさ、何か忘れていない？

三浦：えっ、何だっけ？

設楽：これ、これ。(指でお金の形を示して)

三浦：ごめん、完璧に忘れてた、返そうと思って別にしといたんだ。ちょっと待って……。はい、これ、どうもありがとう。悪いね、遅くなっちゃって。

設楽：なんか、催促しちゃったみたいで……。

三浦：ううん、こっちが忘れてたんだから。

Notes

連休 holiday、渋滞 traffic jam、完璧に completely、別にする set apart

第4章 注文する

Chapter 4 Placing orders

1．注文する Placing orders

基本会話

八　代：すみません、アートハウスですが、出前お願いします。

明々軒：毎度どうも。ご注文は？

八　代：味噌ラーメン１つと、カツ丼２つ。

明々軒：ラーメンはちょっと時間かかりますけど……。

八　代：ええと、じゃあ、ラーメンやめて、山菜そばにしてください。

戦略表現

1 注文する時の決まり文句

Common expressions used when ordering

① お願いしたいんですが。

② お願いします。

③ お願いできますか。

④ 注文したいんですが。

2 不満をもって妥協する

Reluctantly deciding to do something

① いいです、いいです。

② しょうがないですね。

③ まあ、いいや。Ⓕ

④ あんなもんじゃないか？ Ⓕ

⑤ まあいいか。Ⓕ

⑥ 長い目で見ることにしよう。Ⓕ

⑦ このへんで手を打つか、きりがないから……。Ⓕ

⑧ 悪くないな。Ⓕ

Notes

注文する order、出前 catering service、長い目で見る take a long-range view of something、手を打つ take action、きりがない endless

実用会話―1　◀電話でピザの注文をする　Ordering a pizza

⑥ エリン　：すみません。ピザ、注文したいんですけど、メニューがないんで……。

ピザネーロ：はい、それではサイズのほうは、10インチと12インチがございますが。

エリン　：じゃあ、12インチでお願いします。

ピザネーロ：はい。それから、生地(きじ)のほうは、クリスピータイプとパンタイプがございますが、どちらになさいますか？

エリン　：クリスピータイプのほう。

ピザネーロ：クリスピーですね。かしこりました。トッピングは何になさいますか。

エリン　：ええと、マッシュルームとピーマンとペパロニとオニオンのが1枚、それからトマトとピーマンとオニオンとコーンとアンチョビのが1枚。それでダブルチーズっていうのはできます？

ピザネーロ：はい。できます。

エリン　：じゃあ、両方(りょうほう)ダブルチーズにしてください。

ピザネーロ：はい、ではご住所(じゅうしょ)とお名前のほうをお願いいたします。

実用会話―2　◀コピー用紙を注文する　Ordering paper for the copier

大和(やまと)：はい、事務機(じむき)の大和でございます。

③ 三宅(みやけ)：ACC商会(しょうかい)ですが、コピー用紙(ようし)お願したいんですが。

大和：あ、いつもお世話になってます。コピー用紙ですね。

三宅：A４を５つ、B４を三つ。それからトナーも、えーと３本(ぼん)。

大和：A４五箱とB４三箱(みはこ)でよろしいんですね。

三宅：えっ、箱……？　一(ひと)箱にいくつ入っているんですか。

大和：五つですが。

三宅：ううん……。いいです、いいです。どうせ使いますから。

大和：ありがとうございます。それでは、A４五箱、B４三箱、トナーを３本ですね。今からお届(とど)けいたします。ありがとうございました。

Notes

生地 pizza crust、クリスピー crispy、両方 both、事務機 office supplies、用紙 paper、箱 boxes、届ける deliver

2. 予約する Making a reservation

基本会話

比留田：はい、コンサート予約センターです。

ポート：あのう、8月1日の"Z"のチケット、取りたいんですけど。

比留田：申しわけありません。午前中で売りきれてしまったんですが。

ポート：……わかりました。

戦略表現

1 予約する時の決まり文句

Common expressions used when making reservations

① 予約したいんですけど。

② お願いしたいと思いますが。

③ 大阪行き1枚、お願いしたいんですが。

④ まだ、空席ありますでしょうか。

⑤ キャンセル待ちでもいいですから。

⑥ 新幹線の切符、取りたいんですが。

実用会話—1 ◀電話で宴会の予約をする Making reservations for a party

⑤ **ブラウン**：宴会の予約お願いしたいんですが。

浜嘉：はい、日にちと人数、お願いします。

ブラウン：12月4日、20人なんですが。

浜嘉：お一人様5000円のコースと、7500円のコースがあります。お飲み物は、どちらもお一人様2本です。

ブラウン：ちょっと予算オーバーしちゃうな。じゃあ、ちょっと考えて、また電話します。

浜嘉：はい、それじゃ、お待ちしています。

Notes

売りきれる sold out、空席 vacant seat、宴会 party、コース set menu、予算 a budget、オーバーする exceed

実用会話―2 ◀飛行機(ひこうき)の切符を予約する　Reserving an airline ticket

② オペレーター：はい、全国航空(ぜんこくこうくう)予約センターでございます。

③ ホブソン　　：すみません、11月20日の、4時発(はつ)の福岡(ふくおか)行き、1枚お願いします。

オペレーター：はい、11月20日、16時、福岡行きですね。恐(おそ)れ入ります、往復(おうふく)でございますか。

ホブソン　　：はい。

オペレーター：お帰りは？

ホブソン　　：はい？　お・か・え・りですか。

オペレーター：あの、お帰りの便は、いつがよろしいですか。

ホブソン　　：ああ、11月22日ですけど､最終(さいしゅう)便は何時ですか。

オペレーター：20時50分です。

ホブソン　　：そうですか。じゃあ、往復じゃなくて、片道(かたみち)にします。

オペレーター：かしこまりました。お煙草(たばこ)は？

ホブソン　　：吸いません。あのう、窓側の席のほうがいいんですが。

オペレーター：かしこまりました。お名前、お歳(とし)、それから、お電話番号をお願いいたします。

ホブソン　　：ジェームス＝ホブソン、25才、03の1234の5678です。

オペレーター：ジェームズ＝ボブソン様、25才、03の1234の5678ですね。

ホブソン　　：いえ、ジェームス＝ホブソンです。

オペレーター：失礼いたしました。確認(かくにん)いたします。ジェームス＝ホブソン様、25才、03-1234-5678、11月20日、16時発福岡行き003便、禁煙(きんえん)席、お客様のご予約番号は444です。ありがとうございました。

ホブソン　　：お願いします。

Notes

～発 departure、～行き be bound for、便 a flight、往復 a round trip、片道 one-way trip、かしこまりました＝(Hu)わかりました Certainly、確認する confirm、禁煙 no smoking

第5章 誘(さそ)う

Chapter 5 Inviting

1. 誘(さそ)う／誘いを受ける Inviting/Accepting an invitation

基本会話

白石(しらいし)：これからカラオケに行くんだけど、一緒(いっしょ)にどう？

野々山(ののやま)：あ、いいね、いいね。行こう、行こう。

戦略表現

1 誘う

Inviting

① 一緒に行きません？

② 一緒に行こうよ。Ⓕ

③ みんな行こうって言ってるから、つきあおうよ。Ⓕ

④ よかったら一緒にどう？ Ⓕ

⑤ 今晩一杯(いっぱい)どう？ Ⓕ

⑥ 青木(あおき)さんが今晩飲みに行こうって言ってるけど、どう？ Ⓕ

⑦ 青木さんに誘ってくるように言われたんだけど、どう？ Ⓕ

⑧ 赤池(あかいけ)さんがみんなでJリーグの試合(しあい)見に行こうって。Ⓕ

⑨ まだ、帰んないの？ Ⓕ

⑩ 今日、暇(ひま)？ Ⓕ

⑪ 今度の日曜日、何か予定ありますか？

⑫ もうお昼食べちゃいました？

2 誘いを受ける

Accepting an invitation

① じゃ、ぜひ。

② いいね、いいね。Ⓕ

③ はい、喜(よろこ)んで。

④ いいですよ。

⑤ いいですね。

Notes

つきあう get together、試合 a match、予定 a plan、喜んで with pleasure

実用会話—1 ◀送別会に誘う　Inviting someone to a farewell party

⑧ **富永**：ねえ、リーさん、今週の金曜なんだけど、猪瀬係長の送別会があるの知ってるよね？

② **リー**：ええ、でも、先週返事しましたよ。富永さんも無理だなあって言ってたじゃないですか。

富永：うん、そうなんだけど……。実は、もう店に予約いれちゃったんだけど、人数集まらないらしいんだよ。

リー：えーっ、だって、係長の送別会でしょう？　なんで、みんな行かないんですか。

富永：うーん……。ほら、係長もああいう人じゃない？　だから、女の子たちが行きたがらなくって……。それでね、僕と桜井さんは何とか都合つけて行くことにしたんだけど、リーさんも一緒に行かない？

リー：うーん、今週の金曜日ですよね。そうですね、ちょっと、予定を調べてみます。今日中に知らせますから。

富永：うん、待ってるよ。

実用会話—2 ◀展示会に行く誘いを受ける
Accepting an invitation to go to an exhibition

⑤ **常磐**：飯島さん、今度、木曜日に晴海で新製品の展示会があるの知ってる？

③ **飯島**：あっ、知ってます。それ、この前行けなかったんで、今度行きたいって思ってたんですよ。常盤さん、行くんですか？

常磐：うん、券があるから。一緒に行かない？

飯島：えっ、本当ですか。じゃ、ぜひ。ありがとうございます。

常磐：じゃ、１枚は飯島さんにと。あと１枚あるんだ。だれか行く人いない？

㊛① **高瀬**：あっ、わたしも行きたいです。

常磐：オッケー、オッケー。

Notes

送別会 a farewell party、集まる gather、都合つける arrange one's schedule、展示会 exhibition、券 ticket

2．誘いを断る　Turning down an invitation

基本会話

足立：明日、リュウさん達の調査報告会があるんだけど、一緒に見に行きませんか。

落合：明日はちょっと、ほかに用事があるから。

足立：原田さんは？

原田：行きたいんだけど、間に合うかどうかわからないんだ、明日になってみないと。

戦略表現

1 返事を保留する
Deferring a reply

① そうですね、ちょっと予定を調べてみます。

② 上司に確認を取ってから、折り返しお返事いたします。

③ いつまでに返事すればいいですか。　④ 午後返事してもいいですか。

⑤ 今、わからないんですけど。　⑥ 大丈夫だと思います。

2 断る
Turning down an invitation

① この仕事、今日中にやっちゃいたいんで、すいませんけど今日は……。

② 今日はちょっと、早めにうちに帰らなくちゃならないんで。

③ あ、ちょっと、その日は都合が悪いんです。

④ すいません、約束があるものですから。　⑤ 仕事が忙しくて……。

⑥ ん……、あんまり行きたくないなあ。行かなきゃまずいかな？ Ⓕ

⑦ みんなと一緒と言われてもなあ……。Ⓕ　⑧ いろいろやりたいこともあるし……。

⑨ たまには家族と一緒の時間も取らないとなあ……。Ⓕ

⑩ 必ず行かなきゃいけないってこともないんだろ？ Ⓕ

Notes

調査報告会 investigation report meeting、上司 one's superior、行かなきゃまずい＝(In)行かなければならない、たまに once in a while

3 断りを伝えてもらう

Asking someone to refuse for you

① うまく言っといて。Ⓕ

② ちょっと用事があるからって言っといて。Ⓕ

③ 急用(きゅうよう)ができて帰ったって言っといて。Ⓕ

④ 体調(たいちょう)が悪いんで、今日は遠慮(えんりょ)しますって伝えておいてください。

実用会話－1 ◀スポーツ大会(たいかい)に出場(しゅつじょう)する誘いを断る

Refusing an invitation to attend a sports festival

③ **近江(おうみ)**　：ビーガーさんちょっといい？　今度のスポーツ大会のことなんですけど。

① **ビーガー**：はい？　確か4月29日でしたよね。

近江　：うん、そうなんですけど、あのう、ビーガーさんテニスうまいんでしょ、課長(かちょう)から聞いたんだけど。それで、僕とペア組(く)んで試合(しあい)にでられないかなあと思って……。

ビーガー：そんなにうまくないですよ。日本に来てからほとんどやってないし……、それに負(ま)けたら申しわけないですし……。近江さんは、すごくうまいそうじゃないですか、僕じゃ力(ちから)不足ですよ。

近江　：そんなことないよ。僕だって、最近(さいきん)やってないし……。ほかにテニスできる人いないでしょう？　申し込み、明日(あした)までだし……。

ビーガー：でも僕じゃ、試合やってて、足手(あしで)まといになっちゃいますから……。あ、そうそう、服部(はっとり)さんもペア組む人探していましたよ。

近江　：え、ほんと？　じゃあ、ちょっと聞いてみるか。

Notes

急用 an urgent business、体調 one's physical condition、遠慮する be reserved、力不足 lack of ability、足手まとい be a drag

3. アポイントメントを取る　Making an appointment

基本会話

所沢（ところざわ）：明日（あした）しかあいていないんですが、よろしいですか。

水戸（みと）：ええ、いいですよ。何時ごろいらっしゃいますか。

所沢：５時過ぎはいかがですか。

水戸：はい、けっこうです。

所沢：わかりました。お待ちしております。

戦略表現

1 予定をきく
Asking about someone's schedule

① あいていますか。
② 都合（つごう）はどうですか。
③ いつ都合がいいですか。
④ 予定がはいっていますか。
⑤ 用事（ようじ）がありますか。
⑥ どこか行きますか。
⑦ 都合がつく日はありますか。
⑧ 何もはいってない日はいつですか。
⑨ この日なんてどう？ Ⓕ
⑩ こういうのだめかなあ……。Ⓕ

2 受けいれる
Accepting

① いいですよ。
② かまいませんよ。
③ オッケー、オッケー。Ⓕ
④ 来週ならいいですよ。
⑤ 日曜日（にちようび）は大丈夫です。

3 断る
Turning down

① 予定があるんです。
② その日は、ちょっと。
③ 行くところがあって。
④ 都合が悪いんですが。
⑤ その日はあいてないんですよ。
⑥ 土曜日は、あんまりね……。Ⓕ

Notes

５時過ぎ after five、都合がつく time that is convenient、あく have free time

実用会話―1 ◀(電話で) 訪問(ほうもん)する日をきめる

Setting a date for visiting a company

⑥ **倉橋(くらはし)**：お世話になっております。ACC 商会の倉橋ですが、あの、先日のイメージポスターなんですが、いくつかサンプルがあがりましたので、お持ちしたいと思うんですが。

⑦ **松阪(まつざか)**：そうですか、早いですね。じゃあ、見せていただきましょうか。

倉橋：それでは、明日(あした)の２時ではいかがでしょうか。

松阪：２時はちょっと会議(かいぎ)がはいっているんで……。

倉橋：では、何時ごろがよろしいでしょうか。

松阪：そうですね、それでは４時ではどうでしょう。

倉橋：はい、けっこうです。それでは４時に伺(うかが)わせていただきます。

松阪：はい、お待ちしております。

倉橋：失礼いたします。

実用会話―2 ◀新人歓迎会(しんじんかんげいかい)の都合をきく

Asking someone when he/she can attend a welcome party for a new employee

㊛③ **久保田(くぼた)**：ビーガーさん、今晩(こんばん)あいていますか。

① **ビーガー**：すみません、今晩は予定があるんです。

久保田：じゃあ、明日の夜は？

ビーガー：すみません、明日は寮(りょう)で歓迎会があります。

久保田：あ、そうなの。うちでもしようと思ってたんだけど、ビーガーさん、いつ都合がいいですか。

ビーガー：そうですね。今週は金曜日しかあいていないんですけど。

久保田：じゃあ、金曜日にしよう。あけておいてくださいね。

ビーガー：はい、すみません。

Notes

サンプル a sample、寮 a dormitory、歓迎会 a welcome party、うち our section

第６章 許可

■ Chapter 6　Permission

1．許可を求める／許可する　Seeking/Granting permission

基本会話

小金沢(こがねざわ)：課長、あのう、お客(きゃく)さん用の茶(ちゃ)わんわっちゃって、買いに行きたいんですけど、いいでしょうか。

大　滝(おおたき)：たりないの？

小金沢：はい、残(のこ)り４客(きゃく)じゃちょっと……。

大　滝：そう。じゃあ、いいよ、いってらっしゃい。

戦略表現

1 許可を求める時の決まり文句

Seeking permission

① 有給(ゆうきゅう)休暇いただきたいんですが。

② いいでしょうか。

③ かまいませんか。

④ 有給休暇(きゅうか)を取りたいんですが。

2 許可する

Granting permission

① じゃあ、いいだろう。Ⓕ

② 休んでもいいよ。Ⓕ

③ まあ、いいでしょう。Ⓕ

④ はい、けっこうです。

⑤ わかった。Ⓕ

⑥ しょうがないなあ。Ⓕ

⑦ いいですよ。

Notes

わる break、たりる enough、残り the rest、有給休暇 a paid holiday

実用会話―1 ◀先週休んだばかりだが、また休みをもらいたいという
Asking to take a vacation after having just taken one

⑥ **スコット**：あのう、部長、今週の木曜日、また有給いただきたいんですが。

㊫ **池内**：えっ、先週休んだばかりじゃないか。先週も木曜日だったね。何かあるのか。

スコット：いえ、ちょっと用事があって。

池内：理由が言えないのか。

スコット：すみません。

池内：ううん……。仕事のほうは大丈夫か。遅れると困るぞ。

スコット：はい、水曜日に残業しますから。

池内：しょうがないなあ、来週は休まないだろうね。

スコット：はい、休みません。

池内：しょうがないな。じゃあ、いいだろう。

スコット：申しわけありません。ありがとうございます。

実用会話―2 ◀営業車を使う許可を求める
Asking permission to use a company car

③ **ホブソン**：課長。今から展示会の商品の搬入に行くんですけど、けっこう重いんですよ。それで、うちの車、使えないかと思って……。だめでしょうか。

㊬ **赤坂**：車ねえ、営業部が使うだろ。あいてないと思うよ。

ホブソン：それがさっき、営業部に聞いたところ、3時までならいいって言うんで。実はもうキーも借りたんです。

赤坂：なんだ。でも、本当に営業部、いいって？

ホブソン：はい、曽根課長が。

赤坂：そう、それならいいけど、でも必ず3時には戻してよ。あとで言われるから。

ホブソン：はい、大丈夫ですよ。じゃあ、行ってきます。

赤坂：はい。

Notes

理由 reason、困る be troubled、残業 overtime work、しょうがない There is nothing you can do about.、搬入 bring into、キー key

2．許可しない　Denying permission

基本会話

五十嵐(いがらし)：あのう、今日、早退(そうたい)したいんですが……。
佐　坂(さ さか)：早退？　どうした、具合(ぐあい)でも悪いの？
五十嵐：いえ、そうじゃないんですが、ちょっと用事があって……。
佐　坂：用事？　今日は棚卸(たなおろし)なんだから、無理だよ。
五十嵐：そうですよね、すいません。

戦略表現

1 しぶる
Showing dissatisfaction with a request

① 先週休んだばかりじゃないか。Ⓕ　② またなのか。Ⓕ
③ 先週もだったね。Ⓕ　④ 何かあるんですか。
⑤ どうしてなんだ。Ⓕ　⑥ 毎週同じ日か。Ⓕ
⑦ 休まないだろうね。Ⓕ　⑧ 休まないでくださいよ。

2 許可しない
Denying permission

① だめですよ。　② 許可できませんね。
③ 無理だね。Ⓕ　④ だめ、だめ。Ⓕ
⑤ とんでもない。Ⓕ

3 許可申請(しんせい)を取り下げる
Withdrawing a request for permission

① わかりました。じゃあ、戻ります。　② じゃあ、そうします。
③ 今回はあきらめます。
④ やっぱり無理ですか……。
⑤ そうですか、しょうがないですね。

Notes

早退 leaving early、棚卸 stocktaking、とんでもない outrageous、申請 petition、あきらめる give up

実用会話―1　◀出先から直帰する許可を求める

Asking approval to go home directly from a work site

③ ブラック：部長、すいません。今から三崎産業へ行くんですが、直帰してもかまいませんか。

㊞ 岩倉　：えっ、まだ、明日の会議用の書類ができてないだろう？

ブラック：そうなんですが、ちょっと用事があって、書類は今晩うちでやりますから、大丈夫です。

岩倉　：でもなあ、会議は朝一だからなあ……。僕も一応目をとおしておきたいし、やっぱり、戻ってくれない？　だれかに手伝わせれば、早めに終わるんじゃない？

ブラック：はあ……。

岩倉　：深谷くんあたりにでも頼めば、こころよくひきうけてくれるんじゃない？

ブラック：深谷さんには、この前も手伝ってもらったし、そうたびたび頼むわけにはいかないですよ。

岩倉　：じゃあ、根本さんでいいじゃない。彼も仕事早いし。

ブラック：根本さん……。そうですね……。

岩倉　：僕から頼もうか。

ブラック：いえ、頼むのはいいんですけど……。

岩倉　：そんなに時間はかからないだろう？　２人でやれば。

ブラック：ええ、時間はかからないと思いますが。やっぱり、無理でしょうか、直帰するのは。

岩倉　：なんか大事な用事なの？

ブラック：いえ、そんなに大事ってわけでもないんですけど……。

岩倉　：それじゃあ、サッサッサーと作ってからにしてよ。

ブラック：わかりました。じゃあ、戻ります。

岩倉　：頼むよ。

Notes

～用 for、書類 documents、用事 business、一応目を通す glance through、やっぱり＝やはり after all、たびたび often、大事な important、サッサッサー quickly

3．申し出る　Offering to do something

基本会話

多田（ただ）：阿部（あべ）さん、重そうだね、持とうか。

阿部（あべ）：わあ、ありがとう。営業部の泉（いずみ）さんまでね。じゃあ、わたし、ちょっと、三橋（みつはし）さんと話があるから、よろしく……。

多田：えっ、まったく……。調子（ちょうし）いいなあ……。

戦略表現

1 申し出る
Offering to do something

① やらせていただけないでしょうか。
② わたしが、かわりにやりましょうか。
③ やらせてください。
④ わたしじゃだめでしょうか。
⑤ やってみたいんですが。
⑥ 一段落しましたから。
⑦ とりあえず、メドがたったんです。
⑧ 一応ある程度（ていど）までは、いってますから。
⑨ 時間は取れますし。
⑩ 無理じゃないですよ。

2 申し出を受ける
Accepting an offer

① お願いしようかな。
② じゃあ、まかせる。
③ 頼みます。
④ よろしく。

3 申し出を断る
Turning down an offer

① いえ、大丈夫ですよ。
② ええ、でもなんとかできますから。
③ ええ、もうすぐ終わりますから。
④ 1人で大丈夫です。
⑤ いい、いい。Ⓕ
⑥ へいき、へいき。Ⓕ

Notes

調子がいい affable、一段落 come to a pause、とりあえず for the time being、まかせる leave things in a person's hand

実用会話―1 ◀入院した人にかわって仕事を申し出る

Offering to work in place of someone hospitalized

⑥ **ノーマン**：部長、お見舞いに行ってきました。

㊭ **岩倉**：ああ、ご苦労さん。どうだった？

ノーマン：長引きそうだって言ってました。

岩倉：そう、まいったな……。彼がいないと困るんだよな……。

ノーマン：あのう、部長、竹林さんが担当している北洋(K.K.)なんですが、やらせていただけないでしょうか。竹林さんからはよく話も聞いていましたし、それに、北洋(K.K.)の人とは何回も会ったことがあるし……。

岩倉：えっ、君が？　今の仕事はどうする？

ノーマン：ちょうど、一段落したんですよ。ですから、時間も取れますし。

岩倉：ううん、ちょっと考えさせてくれ。午後には返事するから。

ノーマン：はい、お願いします。

実用会話―2 ◀残業を手伝うという申し出を断る

Turning down an offer for help during overtime hours

㊛① **横山**：まだ終わらないんですか。

① **ビーガー**：ええ、でも、あと１時間ぐらいで終わると思います。

横山：手伝いましょうか。

ビーガー：いいえ、大丈夫ですよ。それより、もう９時ですよ。横山さん、うち遠いんでしたよね。

横山：ええ、でもまだ電車はあるし……。それに、２人でやったほうが早いと思って。

ビーガー：いえ本当に大丈夫ですから。気持ちだけもらっておきます。すいません。

横山：そうですか……。じゃあ、頑張ってくださいね。お先に失礼します。

ビーガー：お疲れさまでした。

Notes

見舞いに行く go to inquire after a person's health、ご苦労さん Thank you for your trouble.、長引く Take a long time.、一段落 a pause for the present、気持ちだけもらう Thank you for the offer.

第7章 アドバイス

■ Chapter 7　Advice

1. アドバイスする　Giving advice

基本会話

関(せき)：どう、進んでる？

柿沼(かきぬま)：いえ、もう頭(あたま)がパンクしそう。何も出てこないんですよ。

関：朝からだもんね、ちょっと休んだら。僕はよく屋上(おくじょう)に行くよ。今日は天気もいいし、気分転換(きぶんてんかん)になるんじゃない？

柿沼：屋上ですか……。いいですね。じゃあ、ちょっと空でもながめて、気分転換してきます。

戦略表現

1 アドバイスを求める
Asking for advice

① どこがいいでしょうか。
② どのへんに行くのがいいんですか。
③ どこへ案内(あんない)したらいいと思いますか。
④ この後(あと)、どういたしましょう。
⑤ どうしたらいいんですか。

2 アドバイスする
Giving advice

① 何かリラックスさせるようなことでも言えば？ Ⓕ
② こっちが緊張(きんちょう)してると、よくないよ。Ⓕ
③ 当たりさわりのない話から始めれば。Ⓕ
④ なれてくれば心配(しんぱい)ないよ。Ⓕ
⑤ そうしたほうがいいですよ。
⑥ こういうふうにやったらどう。Ⓕ
⑦ やっぱり、規則(きそく)は守ったらどうかなあと思って。
⑧ やめるといいんじゃないですか。

Notes

パンクする get a flat tire、屋上 roof、気分転換 refreshing、ながめる look at、〜へん neighborhood、リラックスする relax、緊張する be tense、当たりさわりのない non-committal、なれる be used to

実用会話ー1 ◀東京の名所(めいしょ)はどこか、同僚にきく

Asking about interesting places in Tokyo

⑧ **リー**：中村さん、すいません。あのう、来週、友達が日本に遊びにくるんですけど、東京はどこがいいか教えてもらえませんか。

② **中村(なかむら)**：そうですねえ……。六本木や青山なんかどうですか。

リー：でも、友達はニューヨークから来るんで、どうでしょうか。

中村：そうですか。じゃあ、浅草(あさくさ)とか、静かなところがいいのかなあ……。そうそう、はとバスツアーもいいんじゃないですか。コース選べるから。

リー：ああ、はとバスですか。わたしも聞いたことがあります。

中村：確かうちにパンフレットがあったと思うから、明日(あした)持ってきますね。

実用会話ー2 ◀気難しいと評判のお客さんに初めて会うので、アドバイスしてもらう

Talking about one's nervousness in meeting a supposedly hard-to-please customer

④ **森川**：どうしたのホブソンさん、暗い顔してるね。

③ **ホブソン**：はい、これから北洋(K.K.)の課長に会うんだけど、山崎さん大変だって聞いたから……。

森川：ああ、山崎さんね、知ってる知ってる。僕も前会ったことあるけど、あの人、人見知りがはげしいんだよね。だから、みんな最初はすっごく緊張するんだって、無視(むし)されてるみたいで。初めに何かリラックスさせるようなことでも言えば？　ホブソンさん、うまいんじゃない。そう言うの。

ホブソン：うまいって言ってもね。あんまり上品(じょうひん)なのじゃないから……。

森川：まあね、変なのはもちろんだめだけど。ほら、この前旅行に行った時の失敗談(しっぱいだん)でもしたら？　あれ、おもしろかったよ。

ホブソン：そうかなあ……。

森川：心配ないって。それに山崎さん、仕事の面ではけっこう理解があるよ。

ホブソン：ほんとっ？　ちょっと気がらくになった。どうもありがとう。

Notes

ツアー a tour、選ぶ choose、パンフレット a pamphlet、評判 reputation、人見知り be shy、はげしい heavily、無視する ignore、上品な refined、面 a side、気がらくになる be relieved

実用会話─3 ◀同僚(どうりょう)にディスコを勧(すす)める Recommending a disco to a coworker

④ **森川(もりかわ)**：ホブソンさん、六本木(ろっぽんぎ)で、外国人が多いディスコ知りませんか。

③ **ホブソン**：それならシルバーですよ。週末(しゅうまつ)はものすごいですよ。あそこは、もうほとんどニューヨーク。

森川：ホブソンさん、よく行くんだ。

ホブソン：だいたい毎週(まいしゅう)。

森川：じゃあ、今度連(つ)れてってよ。

ホブソン：いいですよ。僕の友達も連れていっていいですか。

森川：うん。もちろん、女の子？

ホブソン：残念(ざんねん)ながら。

森川：まあ、いいか。中に入れば、いっぱいいるもんね。

ホブソン：そうですよ。よりどりみどりですよ。

実用会話─4 ◀薬(くすり)を勧める Recommending a particular medicine

⑤ **エバンス**：井上(いのうえ)さん、どうしたんですか。元気ないですね。

③ **井上(いのうえ)**：うん、風邪(かぜ)がなおらなくて、だるくて……。

エバンス：最近(さいきん)、風邪がはやっていますからね。そうそう、バイタルエキスがいいですよ。

井上：えっ、何ですか、それ。

エバンス：えっ、知らないんですか。あのう、栄養剤(えいようざい)っていうんですか、高いのも、安いのもあるんですけど、高いのはけっこうきくんですよ。

井上：へえ、どこで売ってるんですか。

エバンス：あのテのは、薬局(やっきょく)なら、どこでも。あっ、でも確(たし)か富永(とみなが)さんがいつも買いおきしてたなあ……。1本ゆずってもらったら？

井上：じゃあ、聞いてみます。

Notes

連れてって＝(In)連れていってください take a person with、よりどりみどり from among a wide variety、だるい be dull、栄養剤 nutritious medicine、きく be efficacious、買いおき stock、ゆずる hand over

実用会話－5 ◀宴会の時、歌を歌ったほうがいいと忠告する

Suggesting that someone sing a song

③ **井上**：ビーガーさん、いいですか。

① **ビーガー**：はい。

井上：あのう、今度の宴会のことなんだけど、たぶんカラオケあると思うんですよ。

ビーガー：えっ、わたしは日本の歌は知りませんけど。

井上：日本の歌じゃなくてもいいんですよ。

ビーガー：そうですか。歌わなければなりませんか。

井上：ええ、たぶん。

ビーガー：そうですか。じゃあ、練習しときます。

井上：頑張ってください。

Notes

宴会 party

2．注意する　Cautioning someone

基本会話

重松（しげまつ）：黒部さん、もっと早くお客さんにお茶（ちゃ）ださなきゃだめだよ。

黒部（くろべ）：はあい、すみません。

戦略表現

1 指摘する（してき）
Prefacing one's remarks

① 失礼（しつれい）だとは思ったんだけど、ちょっと変（へん）だから。Ⓕ

② 口にだすことじゃないんだけど、あれじゃない。Ⓕ

③ わざわざ言いたくはないんだけどね。Ⓕ

④ はっきり言って申しわけないけど、ここ、おかしいよ。Ⓕ

2 注意する
Cautioning

① もっと気をつけてくれないと、困（こま）ります。Ⓕ

② だめじゃないですか。Ⓕ

③ 気をつかわなきゃ。Ⓕ

④ まったく、とんでもないですよ。

⑤ それじゃあ、だめだよ。Ⓕ

⑥ もう一人前（いちにんまえ）の社会人（しゃかいじん）なんだから。Ⓕ

⑦ もっと注意するべきでしょ。Ⓕ

⑧ 君（きみ）1人の会社じゃないんだよ。Ⓕ

⑨ 間違えないようにしないと。Ⓕ

⑩ もう少しまわりのことも考えなきゃ。Ⓕ

⑪ いい加減（かげん）にしてください。Ⓕ

⑫ そんな態度（たいど）を取るのは失礼だよ。Ⓕ

3 気合（きあ）いをいれる
Spurring someone on

① もっとしっかりしてくださいよ。Ⓕ

② 気合いいれてくださいよ。Ⓕ

③ 仕事に身（み）をいれてくださいよ。Ⓕ

④ ぼんやりしないでよ。Ⓕ

⑤ ぼーっとしないでくださいよ。Ⓕ

⑥ もっと、やる気だしてよ。Ⓕ

⑦ やることはやってくださいよ。Ⓕ

⑧ ほかのみんなも頑張ってるんだから。Ⓕ

Notes

注意する caution someone、わざわざ expressly、とんでもない Absurd!、一人前 a full-fledged、いい加減にしてください Enough of your nonsense、態度 an attitude、しっかりする become strong、気合いをいれる spur someone、身をいれる concentrate、ぼんやりする be careless、ぼーっとする be absent-minded、やる気 interests in doing

実用会話―1 ◀ネクタイが仕事むきじゃないと注意する

Cautioning about an inappropriate necktie

㊋ 岡村(おかむら)：ちょっと、ビーガー君、そのネクタイ、ちょっと派手(はで)じゃないか。

① ビーガー：えっ、そうですか。明るく見えませんか。

岡村：いやー、明るくは見えるけど、目がチカチカしそうだよ。夜遊(よあそ)びにはいいけど……。

ビーガー：そうですか、いいと思ったんですけど。

岡村：君にはにあってるけど、仕事柄(しごとがら)ねえ、渋(しぶ)めのほうがいいんだよ。

ビーガー：そうですね。ロッカーに1本いれてありますから、かえます。

岡村：うん、そのほうがいいな。

実用会話―2 ◀同僚(どうりょう)の英語の間違いについて言う

Commenting about a coworker's mistaken use of English

⑤ メイソン：森川さん、書類(しょるい)チェックしたんですが、ここと、ここ、ちょっと、言葉がへんじゃないですか。

④ 森川：えっ、どこですか。あっ、これ、辞書(じしょ)見たんですけど。

メイソン：いえ、意味はわかるんですけど、なんか文に合わないというか……。これのほうが表現(ひょうげん)としてはいいと思いますけど。

森川：そうですか……。この言い方では失礼ですか。

メイソン：そうじゃないんですけど、自然(しぜん)じゃないんです。

森川：……そうですか……。わかりました。なおします。まだ、英語(えいご)へたですね。

メイソン：いえ、そんなことないですよ。

森川：いえ、いえ、まだまだですよ。また気がついたら教えてください。それはそうと、この言葉はいいんですか。ちょっと自信なかったんだけど。

メイソン：それはいい表現ですよ。やっぱり森川さんうまいですよ。

森川：またまた。変なところがあったら、教えてくださいね。お願いします。

Notes

～むき for、派手 showy、チカチカする be dazzled、夜遊び going out at night for pleasure、にあう be suitable、～柄 in view of、渋め rather sober、ロッカー locker、かえる change、チェックする check something、表現 expression、自然 naturally、自信 self confidence

実用会話—3 ◀同僚の格好について言う Cautioning a coworker about his/her appearance

㊟ **富永**　：ノーマンさん、ちょっと、いい？

⑥ **ノーマン**：あっ、はい、何ですか。

富永　：あのう、僕たち営業の仕事ですよね。だから、身だしなみには注意したほうがいいですよね。

ノーマン：ええ、そうですね。あっ、僕の格好のことですか。

富永　：うん、失礼だとは思ったんだけど。

ノーマン：いえ、いいんですよ。自分でもわかってます。実は家内が入院してて、ここ3日間、病院から来てるんですよ。

富永　：えっ、知らなかった。申しわけない。それで、奥さんは？

ノーマン：いえ、たいしたことはないんです。明日、退院します。

富永　：そう、それならよかった。

ノーマン：今晩はうちに帰りますから、着がえてきますよ。

富永　：いやー、ごめん、ごめん。

実用会話—4 ◀タイプミスを注意する Pointing out a typographical error

⑥ **ギブソン**：中村さん、ちょっといいですか。これなんですけど。

㊛② **中村**　：はい、何か。

ギブソン：社名のスペルが全部違ってますよ。

中村　：えっ、すみません。

ギブソン：ほかのところは大丈夫なのに、どうして社名だけまちがえるんですか。

中村　：（沈黙）。

ギブソン：何かかんちがいしてるんじゃないですか。これはまずいですよ。大事なことですから。

中村　：はあ……。

ギブソン：この前もそうだったし……。もっと気をつけてくれないと困ります。

中村　：はい、すみませんでした。もう一度うちなおします。

Notes

身だしなみ personal appearance、格好 appearance、家内 my wife、入院する enter the hospital、たいしたことはない It's not so important.、退院する leave the hospital、着がえる change、スペル spelling、かんちがい misunderstanding、まずい not good、大事な important

実用会話—5 ◀仕事中ぼんやりしている人を注意する。

Reprimanding someone for being absentminded during work

⑤ メイソン：井上さん、最近(さいきん)どうしたんですか。

③ 井上　　：えっ……。

メイソン：仕事中も、会議の時もぼんやりしてるし。この前は、計算(けいさん)が一桁(ひとけた)違っていたし、今月はまだ1件も取れてないし。

井上　　：すみません。

メイソン：何か悩(なや)みでもあるんですか。

井上　　：いえ……。

メイソン：もっとしっかりしてくださいよ。今月は決算なんだから。

井上　　：はい、すみません。

実用会話—6 ◀新人(しんじん)にエレベーターの乗(の)り方について言う

Teaching a new employee about elevator etiquette

③ ホブソン：横山さん、さっき、お客さんとエレベーターに乗りましたよね。

① 横山　　：ええ、昭和(しょうわ)K.K.の部長さんです。

ホブソン：ええ、あのね、エレベーター乗る時は、一応(いちおう)順番(じゅんばん)があるんですよ。

横山　　：えっ、そうなんですか。

ホブソン：ええ、まず自分が乗って、相手(あいて)の行きさきをきいて、ボタンを押(お)して、それから、降(お)りる時も……。

横山　　：ええっ、知りませんでした。ああ、失敗(しっぱい)した。

ホブソン：一回ぐらい大丈夫(だいじょうぶ)ですよ。横山さん来たばかりだし。

横山　　：ホブソンさん、くわしく教えてください。

ホブソン：僕も日本に来たばかりの時やっぱり失敗しちゃって、富永さんにリスト作ってもらって覚(おぼ)えたんですよ。そのリスト、コピーしてあげますよ。

横山　　：わあ、すみません。ありがとうございます。

Notes

計算 calculation、一桁 off a decimal point、悩み trouble, worry、決算 settling of accounts、順番 order、行きさき the place where one is going、ボタン button、押す push、くわしい detailed

実用会話―7 ◀電話の取り方について言う　Teaching telephone etiquette

⑧ **リー**：横山(よこやま)さん、さっき、電話取(と)ったとき、"もしもし"と言いましたね。

㊛① **横山**：そうでしたか。

リー：ええ、"もしもし"はよくないですよ。"はい、津田商会(つだしょうかい)でございます"と社名(しゃめい)を言うべきですよ。

横山：あっ、そうなんですか。気をつけます。

実用会話―8 ◀同僚(どうりょう)に英語の使い方を教える
Teaching a coworker correct English usage

⑤ **ノーマン**：富永さん、あの、さっきのミーティングのことなんですけど……。

㊟ **富永**：はい？

ノーマン：別(わか)れぎわに、先方(せんぽう)に確認(かくにん)された時、イエスって言ってましたけど、あの話進(すす)めるつもりあるんですか。

富永：いいや。

ノーマン：それなら、イエスって言えば、そのとおりの意味(いみ)ですから、はっきり答えられない時とか、その気がない時は、イエスって言うとまずいですよ。

富永：そういう意味で、イエスって言ったんじゃないんだけど。

ノーマン：それはわたしにはわかりましたけど、日本人の英語になれていない人は、誤解(ごかい)しますよ。

富永：そうですか。じゃあ、何て言えばいいんですか。

ノーマン：受けるつもりがないなら、はっきりそう言うべきですよ。

富永：それが、なかなかねえ……。

ノーマン：でも、イエスはやっぱり、誤解されますよ。英語を話す時は、……。

富永：日本的な発想(はっそう)を捨(す)てなさい、ですね。

ノーマン：(沈黙)。

Notes

別れぎわ when leaving、先方 the other person、進める put forward、誤解 misunderstanding way of thinking、日本的 Japanese-like、発想 thinking、捨てる throw away

COFFEE BREAK

「日本人の相づち」

相づちは、もちろん日本語や日本人だけの特徴だというわけではありませんが、外国人の方からはよく「日本人の相づちは、なんだか急がされているような気がする。」といった声も聞かれます。

確かに、日本人の相づちは、外国人のそれよりもひんぱんかもしれません。言葉で言うと、"はい" とか "うん"、動作では首をたてにふるというものがそれで、話し手は相手の相づちによって話が続けられる状態になるのです。つまり、聞き手が "確かに聞いていますよ" というサインを相づちで表わしているわけです。ですから、もし相づちがなければ、日本人は非常に不安になり、"いいですか" "わかりますか" と確認しなければ先に進めなくなってしまいます。

相づちの間隔は、話し手の話すスピードにもよりますが、言葉ごとまたは一呼吸ごとに相づちをうつと、スムーズに話せるようです。相手が早口の場合には、"聞いていますよ。" と動作で示し、一区切りついたところで "はい" "そうですか" などと言ってあげるのがいいようです。

相づちは、円滑なコミュニケーションのための一つの方法なので、まったくなしというのはいただけません。日本人からすると、外国人の相づちは、間隔があきすぎて、"ちゃんと聞いてるのかなあ……" と不安になるという声も耳にします。日本人同士の会話を注意して見聞きし、タイミングをつかんでください。

さて皆さんは、街の電話ボックスで、電話にむかってうなずいたり、おじぎをしながら話している人を見かけたことがありませんか。これは、見えない相手にむかって、相づちをうっているのだと思えば、不思議なことでもありませんね。

3．禁止（きんし）する／義務（ぎむ）づける

Forbidding something/Instructing someone to do something

基本会話

目方（めかた）：斎木（さいき）くん、ちょっと。ここんとこ、タクシーチケットのへり、ずいぶん早いね。

斎木（さいき）：えっ。

目方：私用（しよう）に使うなよ。割（わ）りあてなんだから。なくなったら、自腹（じばら）きってもらうからな。

斎木：はい……。

戦略表現

1 禁止する

Forbidding something

① 私用電話はやめてくださいよ。
② 禁止ですよ。
③ 緊急（きんきゅう）以外はだめですよ。
④ 個人的に使わないでください。
⑤ 使用禁止です。
⑥ だめだって、前にも言いましたよね。
⑦ 個人の目的で、使うんじゃない！Ⓕ
⑧ おしゃべりするな！Ⓕ
⑨ 一応（いちおう）禁止だよ。Ⓕ

2 義務づける

Instructing someone to do something

① 必ず戻（もど）してくださいよ。
② そうしてくれないと、困（こま）ります。
③ 戻しておかないと、だめですよ。
④ どうしてもとの位置（いち）におかないんですか。
⑤ それぐらいやんなさい。Ⓕ
⑥ 電話の１本ぐらいいれなさい。Ⓕ
⑦ 連絡をしなさい。Ⓕ
⑧ だれかに伝言しなさい。Ⓕ
⑨ 必ず確認（かくにん）してよ。Ⓕ

Notes

私用 private、割りあて allotment 、なくなる run out of、自腹をきる out of one's own pocket、禁止 prohibition、個人的 private、目的 purpose

実用会話—1 ◀私用電話を禁止する　Forbidding use of the telephone for personal purposes

⑥ **ノーマン**：中村さん、今の電話は何ですか。

㊛② **中村**　：えっ、ちょっと、友人と。

ノーマン：今は、仕事中ですよ。そんな何十分も長すぎますよ。

中村　：はい、すいません。

ノーマン：緊急の電話ならともかく、むだ話をしてる間に、報告書書けるでしょ。私用電話はやめてくださいよ。

中村　：はい。

実用会話—2 ◀だしっぱなしのファイルを片づけるように言う

Asking someone to return a file to its original place

③ **久保田**：ホウさん、このファイルもういいんですか。

⑧ **ホウ**　：あっ、もういいです。

久保田：それなら、もとの場所に戻してください。

ホウ　：あっ、悪い。途中で電話がはいったんで……。

久保田：ほかの人も使うんですから、終わったら、必ず戻してくださいよ。

ホウ　：はい、はい。

COFFEE BREAK

「私用電話について」

日本の会社では、私用電話に対してそれほど寛大ではありません。家族や友人に電話しなくてはならない場合には、お昼休みや休憩時間に公衆電話を使ったほうがいいでしょう。

もし、友人や家族から会社に電話がかかってきた場合にでも、できるだけ早く話を終えたほうが無難です。基本的には、日本のビジネスマンは、家族に会社に電話をかけさせません。したがって、友人にもあまり会社に電話をしないよう言っておいたほうがいいでしょう。いちばん望ましい方法は、お昼休みや休憩時間にかけてもらうようにすることです。

Notes

長すぎる too long、むだ話 idle conversation、ともかく at any rate、出しっぱなし leaving something out、ファイル file

実用会話—3 ◀寄り道を禁止する

Forbidding the handling of personal matters while out on a company errand

⑤ **メイソン**：今までどこに行ってたんですか。

㊛② **東海林**：おつかいです。修正液がなくなったんで。

メイソン：文房具屋はすぐそこですよ。5分もあれば、帰って来られるでしょう？　30分もかからないでしょう？

東海林：えっ、ちょっとこんでて……。

メイソン：こんでるはずがないでしょう。どこに行ってたんですか。

東海林：すみません、ちょっと私用で、そんなに時間がかかると思わなかったんで。

メイソン：まったくしょうがないなあ。急ぎのワープロがあったのに、前にも言いましたよね。寄り道はだめだって。

東海林：わかってたんですけど、時間中でないと、どうしても……。

メイソン：でもね、頼みたい時に、どこにもいないのは困りますよ、一応禁止なんだし。

東海林：すみません。今度から言ってけば、大丈夫ですよね。

メイソン：えっ、!?　とにかく、ハイ、これ、早くうってください。

東海林：はあい。

㊟ **富永**：東海林さん、修正液買ってきた？

東海林：あっ、いけない。かんじんの修正液、忘れちゃった。メイソンさん、あのもう一度おつかいに行ってきたいんですけど。

メイソン：またですか。今度は何ですか。

東海林：あのう、さっき修正液買ってくるの忘れちゃって……。

メイソン：(沈黙)。さきにワープロやってください。急いでいるんだから。

東海林：はい、でも富永さんも急いでいるみたいだし……。

メイソン：じゃあ、いいです。どうぞ行ってきてください。

東海林：はあい。行ってきまーす。5分で帰りますから。

Notes

おつかい running an errand for work、修正液 correctional fluid、文房具屋 stationery shop、寄り道 stop on one's way、かんじんの the most important

実用会話―4 ◀電話をいれるように義務(ぎむ)づける

Telling someone to make a phone call

（リーさんが出社したところです）

㊅ **岩倉**：リーさん、昨日(きのう)、社(しゃ)に戻らなかったね。

⑧ **リー**：はい、出かける前に直帰(ちょっき)するって言っておきましたけど。

岩倉：それはいいけど、帰る前に電話の１本ぐらいいれなさい。

リー：はい……。

岩倉：きのう、君宛(きみあ)てに大森産業(おおもりさんぎょう)から電話があったんだよ。

リー：えっ、そうなんですか。

岩倉：朝一(あさいち)で電話いれることにしたからいいけど。

リー：すいませんでした、今すぐ電話します。

岩倉：今度から必ず電話いれなさい。

リー：はい。

COFFEE BREAK

ひとりごと(3)「驚く」

◎皆さんは、驚(おどろ)いた時、どんなことを言いますか？

①取引先が倒産(とうさん)してしまった

（えーっ！）

②コンピューターが故障(こしょう)した

（なんで？）

Notes

直帰 return home directly from somewhere outside the office、朝一 first thing in the morning

第８章 情報伝達（じょうほうでんたつ）

Chapter 8　Communicating Information

1．説明する　Explaining

基本会話

氏家：このファックス、どうやったらいいんですか。

中里：まず、原稿をこういうふうにいれて、それからここを押して、後は普通にダイヤルすればいいんですよ。

氏家：すみません。どうもありがとうございました。

戦略表現

1 説明する事柄を確認する
Confirming something explained

① この原稿とまったく同じものを作るんですよね。

② 伝票を印刷するんですよね。

③ 欧文ワープロでいいんですよね。

2 初めにすることを説明する
Explaining the first thing to do

① まず、普通にコピーします。

② 最初に、この線に用紙の左端を合わせて、固定します。

③ 初めに、電源をいれて、Ｃドライブでリストを見ます。

3 次にすることを説明する
Explaining the next thing to do

① それから、出てきたコピーをここに入れます。

② 次にこのボタンを押します。

③ そして、WP とタイプすれば初期画面がでてきます。

④ それで、ここから用紙をいれればいいんです。

⑤ そうしたら、もう入力できますから。

Notes

伝票 slip、印刷する print、欧文 European language、普通に normally、線 a line、左端 the left edge、固定する fix、電源 power supply、初期画面 first screen、入力 turning power on

4 補足説明(ほそくせつめい)をする
Giving further explanation

① ちょっと待ってください。原稿はそうじゃなくて、こうです。

② あ、違います。その隣(となり)の緑色(みどりいろ)のボタンです。

③ あ、サブディレクトリのWPにはいってからです。

実用会話一1 ◀ 両面(りょうめん)コピーの仕方を説明する
Explaining how to double-sided copies

④ **大岡(おおおか)**：どうかしたんですか。

㊛① **住谷(すみたに)**：え？　ええ。両面コピーの仕方がわからないんです。ご存(ぞん)じですか。

大岡：ええ、簡単ですよ。いいですか。まず、普通にコピーします。

住谷：はい。それから？

大岡：出てきたコピーを、上下(じょうげ)も裏表(うらおもて)もひっくり返さないで、そのままここにいれます。

住谷：ああそうですか。わかりました。どうも。

大岡：あ、ちょっと待ってください。この原稿とまったく同じものを作るんですよね

住谷：ええ。

大岡：それじゃあ、原稿はそうじゃなくて、こうです。

住谷：ああ、原稿も上下をひっくり返さないんですね。

大岡：ええ、そうです。

住谷：どうも。助(たす)かりました。

大岡：どういたしまして。

Notes

両面 both sides、上下 top and bottom、裏表 both sides、ひっくり返す turn over

実用会話―2 ◀ 商品在庫の棚卸しにあたって、現場調査の方法を説明する

Explaining how to check stock when conducting an inventory

㊩ **有馬**：えー、みんなに集まってもらったのは、来週頭から始まる在庫棚卸しのやり方についてなんだが、今日の説明会にいっしょにでた中村君から説明してもらう。じゃあ、よろしく。

② **中村**：はい。えー、まず商品在庫の台帳を倉庫に持っていって、実際に現物をあたってもらいます。実際の在庫数は、この欄に鉛筆で書いておいてください。それから、台帳の数量と違うものには、ふせんを貼っておいてください。現物をあたるときは、二人一組でお願いします。私は部長と配布物の台帳をやります。それ以外の人は、全部で4組できますから、商品在庫の台帳を4等分してやってください。

⑥ **伊藤**：ちょっと質問。

中村：どうぞ。

伊藤：どうやって、わけんの？

中村：商品在庫の台帳は全部で6冊あるので、とりあえず一組が1冊ずつやって、早く終わった組が残りをやるっていうのは？

③ **木村**：それじゃあ、みんなゆっくりやるんじゃないですか。

㊛③ **本多**：ばかね。でも木村君の言うこともわかるわ。みんな公平にわけましょうよ。

中村：でも、在庫数は商品によってまちまちですから、台帳が厚いから大変だとは限りませんよ。

本多：それもそうね。

有馬：全部終わるまで、みんな残業だ。

全員：えー！

Notes

在庫 stock、棚卸し take stock、台帳 ledger、実際に actually、現物 actual things、～をあたる check、欄 column、ふせん tag、貼る stick、二人一組 pair of two persons、配布物 things/samples to be distributed、4等分する divide into four parts、残り the remainder、公平に fairly、まちまち diverse

中村：棚卸し期間は、来週いっぱいです。とにかく、現物をあたるのは3日で終了しないと、その後のリストの作成もありますので、かなりきつくなってしまいます。チェックが終わりしだい、台帳をわたしのところまで持って来てください。できるところからリストの作成(さくせい)にはいりたいと思いますので。では、皆さん、来週から頑張ってください。細かい日程(にってい)とくわしい説明はここにあります。

有馬：じゃあ、現物のチェックは、水曜日までということだな。

中村：はい。

⑦ **高野**：不良品(ふりょうひん)は、どう処理(しょり)するの？

中村：あ、言い忘れてました。不良品が見つかった時には、そのむねふせんに書いて、台帳のその欄に貼っておいてください。それから、ふせんは違(ちが)う色のものを使ってください。現物はすぐわかるように、良品とわけておいてください。

COFFEE BREAK

「はっきり“ノー”と言わない日本人」

日本人は、自分の意見や感想などをはっきり示さず、ぼやかしてなんとなく匂(にお)わすようなことが多くあります。また日本社会では、直接的な対立を極力(きょくりょく)避けようということから、断る場合でもはっきりとは断らない傾向(けいこう)があります。

“〜だと思う。”“じゃないでしょうか。”“ちょっと……。”などがそうですが、時には日本人同士でも判断が難しいこともあり、表情を見たり全体的な話の流れから推測(すいそく)するしかありません。

外国人ビジネスマンも、この習慣を知らなければ、仕事の場で困ることもあるでしょう。相手の真意(しんい)がわからない場合には、その場に居合(いあ)わせた人に本当の意味を尋(たず)ねて確認していけば、徐々(じょじょ)に慣れていくでしょう。

Notes

いっぱい until the end of、作成する make、きつい hard、日程 schedule、不良品 a sub-standard article、処理する dispose、その旨 to that effect、良品 good articles

2. 報告する　Reporting information

基本会話

アンナ：ただ今、戻りました。

小宮山：お疲れさま。で、どうだった？

アンナ：ほとんどの店で、テキストはまあまあ売れてたんですが、テープはどうもいまひとつのようですねえ。何件かの店では値段のことを言われましたけど。

戦略表現

1 概略を述べる時の決まり文句
Summarizing/Giving a general account

① かいつまんで申し上げますと……。

② 結論から先に申しますと……。

③ 正確な数字はまだつかんでいませんが……。

④ (沈黙)。だいたいこんなところです。

⑤ 大ざっぱに言うと……。Ⓕ

2 報告する
Reporting information

① わたしの見た感じでは……。　② 思ったんですが……。

③ 手ごたえありますね。

④ 脈はあると思いますよ。

⑤ 研究室による調査では、原因は特定できないとのことです。

⑥ 今週の発注表、あがってきました。これによると、先週比5％アップです。

⑦ 品川工場で事故があったようです。今、くわしい連絡を待っています。

⑧ 決算報告書を見る限り、経営はかなり危機的な状況にあります。

⑨ くわしいことは、このレポートにまとめておきました。

Notes

概略 outline、かいつまんで言う in short、結論 conclusion、正確な correct、つかむ catch、大ざっぱに roughly、手ごたえがある have effect、脈がある hopeful、発注表 order chart、決算報告書 statement of accounts、危機的な critical、状況 situation、まとめる put together

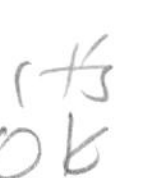

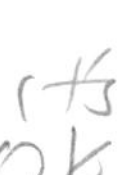

3 問題点を明らかにする

Clarifying a problem

① 立地条件は申しぶんないんですけど、なんせ、賃貸料がね……。

② しかも、この商品だけを担当しているというわけでもないんです。

③ まず、発売時期についてですが……。

④ 次に、セールスプロモーションですけど……。

⑤ 製品も稼働状態になっていなかったし。

⑥ それに、品質もかなり高いようです。

⑦ さらに、１年間無遅刻無欠勤には皆勤手当も支給されます。

⑧ その上、在庫管理がめちゃくちゃなんです。

⑨ 最後に中南米地域ですが……。

⑩ どの代理店もちゃんとやってくれてるっていうわけじゃないさ。Ⓕ

⑪ 安いけど品質が良くないっていうんじゃないよ。Ⓕ

⑫ 交通手段が問題になりますね。

⑬ やはり、人材がポイントですよ。

⑭ アイデアが勝負ですから。

4 問題点への対応

Solution to a problem

① わたしもかなり強く言っておきました。

② 今回は見送りということになりました。

③ 通達という形で、各人の自覚に任せることにします。

④ 今後適当な期間、目黒支店は本社の管理下におくことにしました。

⑤ すべての工場の従業員に、衛生管理を徹底させます。

⑥ この地域からの撤退を覚悟したほうがいいでしょう。

⑦ できるだけ早く、この件についての会議を持ちたいですね。

⑧ 残念ですが、「厳重注意」ではすまない問題にまで発展してしまいました。

⑨ 情報収集して、検討しなおさなきゃだめですね。

Notes

立地条件 conditions of location、申しぶんない perfect、なんせ anyway、賃貸料 rental、担当する be in charge of、発売する go on sale、セールスプロモーション sales promotion、製品 products、稼働状態になる be ready to work、品質 quality、無遅刻だ have never been late、無欠勤だ have never been absent、皆勤だ attend regularly without missing a day、～手当 an allowance for～、支給する give, provide、中南米 Central and South America、地域 area、

5 前置きする
Prefacing remarks

① あのう、すみません！ 引き続き、連絡事項です！

② ちょっと、聞いてください！

③ ご承知のことと思いますが……。

④ すでにお聞きになってるかもしれませんが……。

⑤ 二点ほど連絡しておきます。

6 連絡する
Giving information/instructions

① 地下鉄で来る人は、JRの乗り換え口の方にでてください。

② なお、当日都合の悪い方は、前日までに幹事の方まで連絡のこと。

③ 会場への地図を、一応渡しておきますので、遅れた方は直行してください。

④ 会場の携帯電話につながらないときは、鈴木さん宛にメッセージを伝えてください。

⑤ 雨天の場合は中止になります。

⑥ 雨天中止。

⑦ 雨天順延。

⑧ 小雨決行。

⑨ 天候不良の場合は、連絡網(※)で指示をまわします

7 質問を受けつける
Taking questions

① まず、全部話させてください。

② 質問は、最後にまとめてききます。

③ 何か質問、ありませんか。

④ ご質問、どうぞ。

※ A telephone call network system among coworkers. After A calls B to give some information or instructions, B calls C and passes on the information.

Notes

引き続き continuously、事項 a matter、ご承知のことと＝(Ho)知っていると、当日 that day、都合が悪い be inconvenient、前日 the day before、幹事 the secretary of a party, etc.、会場 meeting place、渡す hand over、直行する go directly、携帯電話 portable phone、つながる be connected、雨天 rainy weather、中止する call off、順延する postpone、小雨 light rain、決行する carry out、天候 weather、～不良 not good、指示 instructions

8 補足する

Giving additional remarks

① あ、言い忘れるところでしたが……。

② ついでですが……。

③ もう１つ。

④ あっ、うっかりしていました。

⑤ 参考までに……。

⑥ つけくわえますが……。

⑦ そうだ、それから……。Ⓕ

⑧ あっ、いけない、いけない。(女)Ⓕ

実用会話ー１ ◀ 出張の報告をする　Reporting about a business trip

⑥ **ホワイト**：昨日、出張から帰ってまいりました。

㊫ **池谷**　：ご苦労さん。どうだった？　むこうの代理店さんは、ちゃんとやってくれてるのかな？

ホワイト：そうですね。担当の方は真面目なんですけど、なんせ、基本的な知識がないようで……。

池谷　：実際の担当者は、その１人だけ？

ホワイト：ええ、そうらしいです。しかも、彼は、この商品だけを担当しているというわけでもないんです。

池谷　：じゃあ、ほとんど動いてもらってないってことだな。

ホワイト：そうですね。製品も稼働状態になっていなかったし。そのことについては、わたしもかなり強く言ってきたんですが。

池谷　：そうか、じゃあ、わたしからも念を押しておこう。

ホワイト：ええ、お願いします。

池谷　：いやあ、大変だったね、ほんとにご苦労さん。

ホワイト：いえ、では失礼します。

Notes

うっかりする be careless、参考 reference、いけない (Lit) That's not good, I'd almost forgotten that.、真面目な earnest、知識 knowledge、念を押す make sure

実用会話―2 ◀イベント参加者に集合場所と時間を連絡する

Telling when and where to meet

㊫ **有馬**：じゃあ、ほかになければ、そういうことで……。あ、何かある？

⑥ **ホワイト**：あのう、すみません！ 引き続き連絡事項です！ 明日の「教育ソフトフェア」についてですが、朝８時30分までに、JR 山手線の恵比寿駅西口の改札前に集合してください。地下鉄で来る人は、JR の乗り換え口の方にでてください。そこが西口です。会場への地図を、一応渡しておきますので、遅れた人は直行してください。ブースは、正面を入って、すぐ右手に見えるはずです。当日の留守番は、鈴木さんです。会場の携帯につながらないときは、鈴木さん宛にメッセージ伝えてください。定期的に会社に電話しますので。何か質問、ありませんか。

全員：ありませーん。

ホワイト：では、よろしくお願いします。

実用会話―3 ◀同じ部の社員に他の部からの連絡事項を伝える

Passing on some information from another department

㊛⑤ **谷村**：では、総務部からの連絡事項を伝えます。来月からコピーは部ごとにカウンターで使うことになります。各部にカウンターは３つずつで、部で責任をもって管理します。それで、カウンターの数字を月末に報告します。カウンターの管理者と報告者は各部から１人選出します。以上ですが、何か質問はありますか。

全員：（沈黙）。

③ **相沢**：どうして、カウンターになるんですか。

谷村：最近、コピー用紙の減り方が早すぎるってことでしたけど。

相沢：うちは、そんなことないよね。

谷村：ええ、まあ。ほかになければ管理者を決めましょうか。

Notes

教育 education、改札 ticket gate、集合する gather、ブース booth、正面 the front、右手 right side、留守番 looking after a place when others are absent、定期的 at regular interval、選出する elect

実用会話―4 ◀接待の報告をする
Reporting on a dinner with some guests

（電話で）

(課) **筒井**：お休みのところ申しわけありません。一応、報告しておこうと思いまして。

(部) **谷崎**：いや、いいんだよ。で、何もなかったかな。

筒井：それがですね、ちょっと、ごたごたしまして。

谷崎：えっ。

筒井：チェンバースさんの奥様が、動物愛護団体のメンバーだったんですよ。そこまで情報が入っていなくて、どうも最近入ったらしいですね。それで、銀座の芙蓉亭にお連れしたんですが、テーブルには活造りが並んじゃって、顔色が変わっちゃって……。

谷崎：いやあ、まずいな。それ、チェンバースさん、愛妻家だって話だから。

筒井：それがですね。こちらがあわてて下げさせようとしたら、チェンバースさんがそのままでいいっておっしゃって、奥様をなだめてくれたんですよ。何度か来日していらっしゃるんで、活造りはご存じだってことでした。

谷崎：それで。

筒井：はい。それで、奥様は召し上がれないんで、奥様だけは別のものを頼みましたが、しばらくは活造りをにらみっぱなしで……。

谷崎：やはり下げるべきだったんじゃないか？

筒井：でもチェンバースさんは、お好きだったんですよ。奥様も、デザートの頃は、なんとか機嫌もよくなりましたので、明日からの視察には奥様も同行されるとのことですから、報告しておいたほうがいいと思いまして……。

谷崎：わかった。大変だったね、ご苦労さん。

筒井：いえ。では失礼します。お休みのところ、申しわけありませんでした。

Notes

一応 on out line、ごたごた trouble、動物愛護団体 animal rights protection group、活造り sashimi served on the fish while it is still alive、機嫌 mood, humor、視察 inspection

3．言いわけをする　Giving an excuse

基本会話

志村(しむら)：遅いじゃないか。電話もいれないで。

大熊(おおくま)：すみません。途中(とちゅう)で駅から電話しようと思ったんですが、すごくこんでたもんですから、待(ま)つより走ったほうがいいと思って……。

志村：わかった、わかった。もういい。

戦略表現

1 謝(あやま)る
Apologizing

① すみません。　　② 申しわけありませんでした。

2 言いわけする
Giving an excuse

① 急用(きゅうよう)ができてしまって……。

② あ、11時じゃなくて、10時だったんですか。

③ どうしても抜(ぬ)けられなくて……。

④ 時計(とけい)が遅(おく)れていて……。

⑤ ちゃんとお返ししたと思うのですが……。

⑥ 確(たし)かにそのように確認(かくにん)したんですが……。

⑦ 担当(たんとう)の者が出払(ではら)っておりますので……。

⑧ そういう意味(いみ)で言ったんではありません。

⑨ わたしが言ったんじゃありませんよ。

⑩ 思い違(ちが)いしてました。

⑪ ちょっと出がけに、鼻血(はなぢ)がでちゃって……。Ⓕ

⑫ 今日のお客さんのこと、すっかり忘(わす)れてて。Ⓕ

⑬ 聞(き)き間違(まちが)いかなあ……。Ⓕ

Notes

抜ける come off、出払う be all out、思い違い misunderstanding、出がけ just as one is about to go out、鼻血 nosebleed、すっかり completely

3 同じ過ちを繰り返さないことを誓う
Promising not to repeat the same mistake

① 今後、気をつけます。

② これからは十分気をつけますので。

③ 今後、こういうことのないようにいたしますので。

実用会話一1 ◀ 出勤時間に遅れた言いわけをする
Giving an excuse for being late to work

(主) **岩崎**：どうした？　お客さん、来ちゃってるぞ。

⑦ **高野**：え？　あ、そうだ。すみません。で、お客さんはだれが？

岩崎：本多さんがやってるけど。あ、来た、来た。

㊛③ **本多**：ちょっと、高野さん、どうしたの？　大丈夫？

高野：ええ。ちょっと出がけに、鼻血がでちゃって。

本多：いやだ。電話くれればよかったのに。高野さんにお客さんが突然来ちゃって……。今、デモ終わったとこ。新しいソフトのデモ、見せればいいんでしょ？

高野：ええ、すみません。今日のお客さんのこと、すっかり忘れてて。あ、かわりましょうか。

本多：ううん、大丈夫。もうカタログ渡すだけだから。それに、鼻の下、まだ血がついているわよ。お客さんには、急用で取引先に寄らなきゃならなくなったって言ってあるから、後で挨拶するなり、帰ってから電話するなりしたら？

高野：ナイスフォロー、さすが本多さん。

本多：まったく。こっちだってやることがあるんだから！

高野：ほんとにすみませんでした。今後、気をつけます。

Notes

十分 enough、突然 suddenly、デモ＝(Ab) デモンストレーション a demonstration、カタログ a catalog、ナイスフォロー (Lit) Nice follow, Good help、さすが indeed

4．聞き伝える　Talking about something you heard

基本会話

浜本：ちょっと聞いたよ、総務部のゆかりさん、辞めるんですって！
天野：そうなのよ。国際部のアランと結婚するらしいわよ。
浜本：えー！　知らなかった。

戦略表現

1 情報源を示す
Revealing the source of your information

① 名古屋支店に配属された同期から、昨日電話があって……。
② 友達から聞いたんですけど、……。
③ テレビでやってたんですけど、……。
④ ニュース雑誌に書いてあったんですけど、……。
⑤ ある筋から仕入れたんですけど、……。
⑥ 小耳にはさんだんですけど、……。
⑦ 洗面所で話しているの聞いちゃったんだけど、……。Ⓕ
⑧ 経理部からの情報なんですが……。

2 聞いたことを伝える
Talking about information you heard

① 部長とやり合っちゃったんですって。
② タバコがまた値上がりするそうですよ。
③ 新潟は大雪だそうですよ。
④ 部長は直接いらっしゃるんだそうです。
⑤ 5分ほど遅れるとのことです。
⑥ 解雇されたんだって。Ⓕ
⑦ 専務の身辺、あやしいらしいよ。Ⓕ

Notes

配属する attach、筋 a source、小耳にはさむ happen to hear、やり合う argue、解雇する dismiss、値上がりする rise in price、身辺 behavior、あやしい suspicious

3 口外を禁じる(こうがいをきんじる)
Keeping something a secret

① ここだけの話だけど、……。Ⓕ

② これ、ほかの人には言わないでくださいよ。

③ オフレコで頼むよ。Ⓕ

④ 内緒(ないしょ)にしておいてほしいんだけど、……。Ⓕ

⑤ 秘密(ひみつ)だよ。Ⓕ

実用会話—1 ◀社内の人事(じんじ)について話す
Talking about personal matters in the company

女③ **木村(きむら)**：ねえ、ねえ、高橋さん、聞いた？

⑤ **高橋(たかはし)**：何を？

木村：山崎(やまざき)部長のこと。

高橋：名古屋支店(なごやしてん)の？

木村：そう。

高橋：どうしたの？

木村：解雇(かいこ)されたんだって。

高橋：えー！　だれから聞いた？

木村：名古屋支店に配属された同期から、昨日(きのう)電話があって。

高橋：あっそう。へえ……。

実用会話—2 ◀先輩(せんぱい)と　Talking with a senior employee

女② **アンナ**：ちょっと聞いたんですけど、辞めるってほんとですか。

女⑤ **早田(はやた)**：え？　なんで知ってるの？　ほかの人には言わないでね。

アンナ：言いませんけど。水臭いわ。何にも言ってくれないなんて。

Notes

オフレコ off the record、内緒にする keep it a secret from others、秘密 a secret、解雇 dismissal、水臭い not frank

5．聞きだす　Getting information from someone

基本会話

向井（むかい）：今度、大幅（おおはば）に人事異動（じんじいどう）があるそうじゃないですか。
橋本（はしもと）：ああ。うちの部も例外（れいがい）じゃないから、そのつもりで。
向井：そうですか……。

戦略表現

1 情報について尋ねる
Asking about something

① リンダさん、どうしたか知っている？ Ⓕ
② あの受付（うけつけ）の新しい人、何なんですか。
③ 広島（ひろしま）の代理店、いったい何やってるんですか。
④ 総務部の森さんて知ってますか。
⑤ 大場（おおば）さんの後任（こうにん）だれなんですか。
⑥ 浦和（うらわ）営業所、どうなってるんですか。

2 補足（ほそく）説明を求める
Asking for further explanation

① それってどういうこと？ Ⓕ
② じゃあ、どうして？ Ⓕ
③ それなら、なんでそう言わなかったんですかね。
④ 今年はボーナス期待（きたい）しないほうがいいですかねえ？
⑤ やっぱり松本（まつもと）さん、アメリカ行きオッケーするんでしょうね？
⑥ なるようになったってこと？ Ⓕ
⑦ 部長、どういうつもりなのかなあ？ Ⓕ
⑧ つまり、何なの。 Ⓕ
⑨ やっぱり、業績不振（ぎょうせきふしん）から？

Notes

ボーナス a bonus、期待する expect、オッケーする＝(Co)承諾する consent、業績 (business) achievements/results、不振 inactivity

実用会話－1 ◀社内で起きている問題についての情報を聞きだす

Getting information on a problem in the company

㊟ **岩崎**：名古屋支店は、どうなっているんですか。

㊫ **渡辺**：え？　ああ、あんまり大きな声じゃ言えないんだけど、どろどろってところかな。

岩崎：やっぱり業績不振から？

渡辺：そうだなあ……。だけど中部地区に五つ目の支店作られちゃなあ。

岩崎：岐阜支店でしょ？　いくら競争のためとはいえ、会社も厳しいことしますよね。

渡辺：そうだな。

岩崎：名古屋支店も、担当エリア減らされた割には頑張ってたと思ってたのに……。

渡辺：いやあ、すごく頑張ってたよ。

岩崎：じゃあ、どうして？

渡辺：結局、営業マンを引き抜かれたり、いろいろされてね。それでくってかかったらしいんだ、専務に。

岩崎：そういえば、先月の終わりぐらいだったかな、山崎部長、本社にいらしてましたよね。

渡辺：その時だって話だよ。

岩崎：で、あそこはどうなるんですか。

渡辺：さあ、たぶん岐阜支店が中部の統括本部になるんじゃないの？

岩崎：ふうん、そうなんですか。じゃあ、名古屋支店は吸収合併されちゃうわけですね。

渡辺：そういうことになるかな。

Notes

どろどろだ be muddy, get bogged down、エリア area、～する割に in spite of～、引き抜く hire away、くってかかる turn upon、専務 the managing director、岐阜 Gifu Pref.、統括 generalization、吸収合併する takeover

6．不確（ふたし）かなことを言う　Talking about something uncertain

基本会話

細谷（ほそや）　：最近（さいきん）、アダムスさんおとなしくない？
ホブソン：竹内（たけうち）専務にでも説教（せっきょう）されたんじゃないの？
細谷　：ありえるね。

戦略表現

1 自信（じしん）のないことを言う時の決まり文句
Prefacing uncertain information

① 実のところ、俺（おれ）もよく知らないんだけど、……。Ⓕ
② 間違ってたらごめんね、……。Ⓕ
③ わたしの記憶（きおく）が正しければ、……。
④ ちょっとはっきりしないんだけど、……。Ⓕ

2 思い出しながら話す
Trying to recall something

① どっちもどっちってとこじゃなかったかなあ。Ⓕ
② 確か、安西（あんざい）さんに渡（わた）したんじゃなかったかなあ。Ⓕ
③ ええとね、ここに入ってたと思うけど……。Ⓕ
④ たぶん先週の金曜日じゃなかったかな、入荷（にゅうか）したのは。
⑤ え？　今週の月曜だったんじゃないですか。

3 やや無責任（むせきにん）な意見を述べる
Giving an offhand personal opinion

① ご自分で事業（じぎょう）始めるんじゃないか。Ⓕ
② 女の子にふられて、落ちこんでんじゃない？Ⓕ
③ たぶん、そんなとこじゃないかと思いますよ。
④ たぶんそうだと思う。よくわかんないけど。Ⓕ

Notes

実のところ actually、記憶 memory、どっちもどっちだ both are to blame、入荷する arrive of goods、事業 enterprise、ふる reject、落ちこむ feel down

実用会話一1 ◀ 上司(じょうし)の進退問題(しんたいもんだい)についてうわさする
Discussing a rumor about your boss

⑥ **伊藤**(いとう)：で、山崎部長、どうなさるんでしょうね。

㊟ **岩崎**(いわさき)：いやあ、ご自分で事業始めるんじゃないですか。

⑤ **高橋**：そういうことは、木村さんに聞いたらいいんじゃないですか。

岩崎：え？

伊藤：木村さん、ちょっと！

㊛③ **木村**：はあい。何ですか。

高橋：山崎部長、これからどうするのか知ってる？

木村：ああ、はい。

岩崎：どうなさるって？

木村：聞いた話ですけど、以前うちの会社にいらしたという方のところに行くってことらしいですけど。

岩崎：畑田(はただ)さんのとこだ。

高橋：畑田さんて、あの畑田さん？

岩崎：ああ、たぶんな。

伊藤：どんな方ですか。

岩崎：以前、名古屋支店長してた人だよ。確か畑田さんの時に初めて営業成績が日本一になったんじゃないかな。とにかく、すっごくやり手だったってうわさだよ。

高橋：そうそう、やり手だったなあ。支店長を３年で辞(や)め、さっさと自分で会社を作ったんだから。

伊藤：それで、今はどうなんだろう。

木村：よくわかんないけど、けっこう順調らしいですよ。

伊藤：なるほど。それで今度は山崎部長を引き抜いて事業拡大(かくだい)をはかっているわけですか。

高橋：やっぱり畑田さんはやり手ですね。

Notes

やり手 man/woman of ability、順調 favorable、事業 enterprise、拡大 extension、はかる plan

第９章　意見陳述（ちんじゅつ）

Chapter 9　Expressing Opinion

1．意見を述（の）べる　Expressing an opinion

基本会話

山根：アニメかタレントかってところにしぼれると思いますが、ほかにありませんか。

松方：あのう、何もいれないっていうのはどうでしょうか。

全員：食品のCMに音なし？

戦略表現

1 意見を求める
Seeking an opinion

① どう思いますか。
② いいアイデアないですか。
③ 何か意見、ありませんか。
④ 石毛（いしげ）さん、どうですか。
⑤ 何かない？ Ⓕ
⑥ ほかには？ Ⓕ

2 理由を尋（たず）ねる
Asking for reasons

① というのは？ Ⓕ
② とおっしゃいますと？
③ プラスティック容器（ようき）でもいいという理由は？
④ どうして安くちゃいけないんですか。
⑤ 理由は？
⑥ どうしてですか。
⑦ なぜなんですか。
⑧ なんで？ Ⓕ

Notes

しぼれる focus on、プラスティック plastics、容器 container

実用会話―1 ◀製品のパッケージに関する意見をきく

Asking for someone's opinion about product packaging

② **船越**　：ノイマンさん、すみませんが今、うちの製品のパッケージに関する社内アンケートをとってるんですけど、ノイマンさんは環境問題に熱心だって伺ったんで、その方面で意見聞かせてもらいたいんですけど。

③ **ノイマン**：環境問題っていうと、リサイクルできるとか、ゴミにならないとか？

船越　：ええ、そうなんです。

ノイマン：そんなに熱心ってわけでもないんですけどね。

船越　：で、さっそくなんですが、まずパッケージの材質について伺いたいんですが……。

ノイマン：僕は、別にすべてを紙やガラスビンにしなくてもいいと思うんです。

船越　：プラスティック容器でもいいっていうことですか。

ノイマン：ええ。

船越　：というのは？

ノイマン：だって、壊れにくいし、軽いから、消費者も流通の途中も扱いやすいんですよね。コストも安いし。重くてかさばるなら、輸送にもトラックがたくさん必要になるし、結局排気ガスをたくさんだしてしまうでしょう？　プラスティックが問題になるのはゴミになった時なんです。だったらゴミにしなければいいんですよ。消費者は、どういう時に容器を捨てますか？

船越　：空になった時ですよね。

ノイマン：ええ、ですから空にしなければいいんです。つまり、詰め替え可能にすればいいっていうことです。そうすれば、またうちの製品を買ってくれるから、一石二鳥でしょ？　おまけにうちは環境問題にも取り組んでいるって評判もたちますしね。

船越　：なるほどね。それはいいですね。

Notes

環境問題 environmental problem、リサイクルする recycle、材質 materials、ビン bottle、コスト cost、かさばる be bulky、輸送 transportation、トラック truck、排気ガス car exhaust、だったら if it's so、空 empty、一石二鳥 kill two birds with one stone、おまけに in addition、取り組む struggle, be engrossed

2. 評価する　Evaluating something/someone

基本会話

木村：レトルト・チゲシリーズの試食会のアンケート、何て書いた。
中村：かなり本場の味がでてるって書きましたけど。
木村：そうかなあ、俺の口には合わなかったけど……。

戦略表現

1 客観的観測を述べる
Giving an objective observation

① 積極的なやつですね。(男)　② あんまり評判よくないですねえ。

2 理由や根拠をあげる
Giving reason or evidence

① 仕事の飲み込みは早いし、質問もよくします。
② 字はきれいだし、ミスがありません。
③ 作らせた報告書を見ても、正確で、洞察力も非常に優れています。

3 将来を推測する
Surmising about the future

① このぶんだと、かなりの戦力になるかもしれません。
② 将来、有望な人物だと思います。

4 点数をつける
Rating something

① 10点満点で、7点てとこですかね。
② 100点満点 Ⓕ
③ 及第点はやれないなあ。Ⓕ
④ まあ、平均点というところじゃないかしら。(女) Ⓕ
⑤ 並ですね。

Notes

試食会 sampling party、本場 home、積極的な positive、飲み込み understanding、ミス mistake、報告書 a report、洞察力 an insight、非常に very、優れている be superior、戦力 war potential、有望な hopeful、人物 person、満点 perfect score、及第点 passing mark、平均点 average score、並 common quality

実用会話―1 ◀新入社員を非公式に評価する

Unofficially evaluating a new employee

㊕ **茂木**：今度うちにはいった新人の川口君はどう？

⑤ **関口**：とってもいいですよ。仕事の飲み込みは早いし、質問もよくします。積極的なやつですね。このぶんだと、かなりの戦力になるかもしれません。

茂木：それはいいね。

関口：ただし、好奇心は旺盛なんですが、持続しないというか……。

茂木：ほう、飽きっぽいのかね？

関口：そういうのとも違うんですよ。何と言いますか、理解力が優れているんで頭で理解してしまうと、もう次の段階に進みたがる傾向があるようですね。やる気があるのはもちろんですが、やっぱり頭がいいんでしょうねえ……。

茂木：なるほど。

関口：データを与えて作らせた報告書などを見ても、神経質なくらい正確で、洞察力もこちらが舌を巻くくらいですし。新しい環境にもすぐ順応します。

茂木：ほう。で、研修はどこへ行ってるんだっけ。

関口：鎌倉の研究所です。もう人気者になっているそうですよ。

茂木：ああ、栗原さんのところだね。

関口：本人とも一度話したことがあるんですが、自分は何でもそつなくこなす自信はあるんだけど、器用貧乏で終わらないようにしたいと言っていました。けっこう、謙虚なところがあるんですよ。だから可愛がられるんじゃないかと思います。

茂木：ふうん、なかなか面白そうな人物じゃないか。先がたのしみだね。

関口：そうですね。将来有望な人物だと思います。

茂木：君にもようやくかわいい部下ができたってわけだな。鍛えてやってくれよ。

関口：ええ、ビシビシやりますよ。

Notes

好奇心 curiosity、旺盛 energetic、持続する continue、飽きっぽい fickle、傾向 tendency、神経質な nervous、舌を巻く be filled with admiration for、環境 environment, surroundings、順応する adapt oneself、鎌倉 a city in Kanagawa Pref.、人気者だ be popular, be favorite、そつなくこなす make no mistakes in what one does、自信 confidence、器用貧乏だ be a jack-of-all trades and a master of none、鍛える train、ビシビシ(と) strictly

3．希望する　Hoping for something

基本会話

（入社試験の面接で）

面接官： ほかに何かご希望はありますか。

ワ　ン： 給与のことなんですが、扶養家族がおりますので、最低でも年収700万はいただきたいんですが。

戦略表現

1 希望を述べる
Expressing a hope

① 出張の前渡金は、もう少しなんとかならないでしょうか。

② 社員食堂のメニューの種類、もう少し増やしてほしいんです。

③ 今回のプロジェクトは、わたしに任せていただきたい。

④ 静岡の営業所に移していただきたいんです。

⑤ 最近、タクシー券の使用量が極端に増えています。公私混同のないよう皆さんの良識ある行動を切に望みます。

⑥ 君にシンガポールに行ってもらいたい。(男) Ⓕ

⑦「社内旅行どこがいい？ Ⓕ」「温泉がいい！ Ⓕ」

⑧ 全館禁煙にしてほしいなあ。Ⓕ

⑨ クーラー止めてくれないかなあ。Ⓕ

2 最低限の希望を述べる
Expressing a minimum hope

① せめてもう１万円ぐらいは……。Ⓕ

② 最低でも１万部は売れてほしいな。Ⓕ

③ 少なくてもあと２名はほしいんですが……。

④ あと２か所でいいから……。Ⓕ

Notes

扶養家族 (family) dependent、前渡金 money in advance、任せる entrust、静岡 Shizuoka City in Shizuoka Pref.、移す＝(Co) 異動する transfer、極端に extremely、混同する confound、良識ある sensible、行動 action、切に eagerly、望む hope

実用会話―1　◀出張の前渡金の増額を希望する

Asking for an increase in advance payment for a business trip

⑤ (部)

勝又：今度の大阪出張のことなんですが……。

三塚：うん。

勝又：出張の前渡金は、もう少しなんとかならないでしょうか。

三塚：４万円じゃ、間に合わないかね。

勝又：最近は地方でもホテル代は上がっていますから、下手すると足がでてしまうんですよ。せめてもう１万円ぐらいは……。

三塚：しかしね、この不景気で経理のほうも引き締めがきついからな。言っても無理かもしれないね。

勝又：この規定は、かなり前に作られたものですよね。景気がよかった時は自腹を切っても特に困ることもなかったんですが、ボーナスだって減らされた今となっては、給料日まで精算待ちなんて、こっちのほうがきついですよ。

三塚：だけどなあ、この出張前渡金というのは、営業部だけの特例なんだから……。文句なんか言ったら、ほかんとこと同じようにいちいち仮払い申請しろって言われるのが関の山なんじゃないかな。

勝又：ですから、そこが部長の腕の見せどころじゃないですか。出張回数が多い部署は、その手続きが煩雑だから前渡金の制度ができたって聞いていますよ。５万円あれば、とりあえずホテル選びに苦労しませんからね。

三塚：わかった、わかった。とにかく部長会にかけてみるが、今回はちょっと間に合わないから我慢してくれ。

勝又：ええ、よろしくお願いします。

Notes

不景気 hard time、経理 accounting、引き締める tighten、自腹を切る pay out of one's own pocket、精算する settle an account、特例 special case、いちいち one by one、仮払い temporary payment、申請する apply、関の山だ at the best, be about the best one can do、手続きする go through the procedures for something、煩雑な complicated、我慢する be patient, shelve your request

4. 判断/決定する　Making judgments/decisions

基本会話

大沼：新製品のロゴデザインがいくつか絞られてきたんですが、後はどうしますか。

蓮池：そうですね。無記名投票にしましょうか。

大沼：それがいいですね。

戦略表現

1 考慮のうえで判断する
Making judgment after consideration

① 発注した量も多かったとは思いますが、ちょっとひどいですよね。

② 最新技術を使っているのはわかるけど、それにしても高い。Ⓕ

③ それはそうですが、ずいぶんですね。

④ 確かに不注意だったかもしれませんが、それはいくらなんでも…。

2 決定する
Deciding something

① じゃあ、今度からそっちに頼むことにしよう。Ⓕ

② よし、それでいこう。Ⓕ

③ そのせんでいこう。Ⓕ

④ よし、決まり！ Ⓕ

⑤ 決定！ Ⓕ

⑥ じゃ、そういうことで。

⑦ それじゃ、あさってということで決めようか。Ⓕ

⑧ では、責任者は神田さんに決めます。

⑨ 柏木くんは千葉担当、土屋くんは神奈川担当ということにしましょう。

⑩ 来週から室内温度を25℃にすることにします。

Notes

ロゴデザイン logo design、絞る narrow down、無記名投票 secret ballot、発注する order、最新技術 latest technology、せん path、責任者 person in charge

実用会話—1 ◀翻訳業者をかえる　Changing the translating agency

③ **百瀬**：ちょっと、これ、見てくださいよ。

㊖ **織田**：何だ。

百瀬：翻訳料の請求書なんですけど。

織田：80万!?　何だ、これは？

百瀬：ええ、今月は発注した量も多かったとは思いますが、ちょっとひどいですよね。

⑦ **須田**：あ、ITL だろ？　広報かどっかの部でも、そこ、使うのやめたらしいぜ。

㊛⑤ **松平**：ええ、そこの翻訳、誤訳が多いし、いつも元の英語と照らし合わせなきゃなんないんです。

織田：ページ当たり、どのくらいで契約してるんだ？

百瀬：ざっと計算したんですけど、5,000円ちょっとですね。

織田：いやあ、前から安くはないと思っていたんだがなあ。

須田：でも、専門書だからそんなもんじゃないのか？

松平：そんなことないわよ。研究室が頼んでるところは、3,800円て言ってたわよ。

織田：なんだ、そっちのほうがずっと安いじゃないか。

百瀬：そうですね。こんな請求書送ってくるようじゃ……。ITL も良心的じゃないですね。

織田：じゃあ、今度からそっちに頼むことにしよう。

須田：でも、うちと ITL はつきあい長いし、課長、あそこの山道さんと親しいんでしたよね。

松平：山道さんね。知ってる、知ってる。いい人ですよね。

百瀬：じゃあ、しょうがないですよね。

織田：いや。それとこれとは別だよ。これだけ経費削減言ってる時に。

Notes

翻訳 translation、誤訳 mistranslation、照らし合わせる compare, check it against、～当たり per、ざっと roughly、専門書 technical book、良心的な conscience

5．仮定する　Making a supposition

基本会話

伊藤：もしボランティア休暇の制度がうちでもできたらどうしますか。

本多：そうね、忙しくない時期に取れたと仮定して、養護施設のヘルパーの仕事したいわ。

戦略表現

1 仮定して意見を述べる
Giving an opinion out of supposition

① おもしろい話だったら、混ぜて。Ⓕ

② 俺もあの人だったら、やですね。(男) Ⓕ

③ じゃないとすれば、岩崎さんかな？ Ⓕ

④ 岩崎さんならまあいいけど。Ⓕ

⑤ そうなったら、主任は本多さんじゃないですか。

⑥ 伊藤さんが二十五、六だとすると、本多さんは三十近いわけ？ Ⓕ

⑦ そしたら、あたしは社内初の女性主任？ (女) Ⓕ

⑧ 大山さんが主任になったりしたら、残業増えるんじゃない？ Ⓕ

2 困難な希望が達成したと仮定して言う
Wishing to do something that probably won't happen

① 主任になったあかつきには、いじめてやる！ Ⓕ

② 東証一部上場となったあかつきには、配当金倍増も夢ではありません。

③ 社員貸付制度が発足すれば、マイホーム持つのもできなくはないなあ。Ⓕ

3 ありそうもないことを仮定する
Supposing an unlikely situation

① 伊藤さんのかわりにすごく変なやつが入ってきたりして。Ⓕ

② 今度の社内旅行、海外だったりして。Ⓕ

Notes

養護施設 protective institution、混ぜる＝(In)仲間に入れる let someone join、やだ＝(Co)嫌だ，～初の… first ... in ～、いじめる bully、東証＝(Ab)東京証券取引所 The Tokyo Stock Exchange、一部上場する be listed on the First Market、～したあかつきには in case of、配当金 dividend、倍増する double、夢 dream

4 前提条件を述べる
Expressing a conditional statement

① このトラブルシューターのマニュアルは、お客さまが本ソフトの基本操作をマスターなさっているものとして書かれています。

② 皆さん、書類に目をとおしていらっしゃるものとして話を進めます。

③ 品質には万全を期しておりますが、万一不良品がありましたら弊社消費センター宛にお申し付けください。

④ 今度のワールドカップが日本に決まったらの話ですが……。

⑤ わたしの今までの経験から申しますと、……。

⑥ 仮に定価を1万円下げたとしても、利益は15％確保できます。

⑦ 一歩譲って君の言ってることが正しいとしよう、でも……。(男) Ⓕ

⑧ このぶんでいけば、いいんですがね。　⑨ このままでは、辞めるなどと言い出しかねません。

実用会話―1 ◀部の移動について話す
Talking about moving the department to another place

㊛⑧ **瀬戸**：ねえ、ねえ。今度、商品管理部が移るって話、聞いた？

① **日野**：ええ、でも決まりじゃないらしいですよ。

瀬戸：ふうん、でももしそうだとしたら、営業部とかどうするの？混乱するんじゃない？

日野：そうですよね。受注関係なんて、管理部と営業部の連携プレイがかなめですもんね。ほんと、どうするんだろ……。

瀬戸：もし移るなら、どこ行くの？

日野：第二倉庫の近くって話は、ちらっと聞きましたけど。

瀬戸：えーっ、第二倉庫？　あんな不便なとこ？　もしそうなら通勤かわいそう。バスしかないじゃない。

日野：そうですよね。

瀬戸：日野さん、よかったわね、うちの部で。初めは管理部って話もあったらしいわよ。

日野：えっ、そうだったんですか……

Notes
マスターする master、万全を期す make doubly sure、万一 by any chance、弊社 my company、消費者 consumer、経験 experience、仮に if、定価 fixed price、利益 profit、確保する secure、一歩譲る Granting that…、混乱する confuse、かなめ point

実用会話―2 ◀人事異動について話す

Talking with coworkers about personnel changes

㊛⑧ **本多**：何の相談？　おもしろい話だったら、混ぜて。

⑤ **中村**：え、あ、いや、今度の春の人事で、かなり大幅な入れ替えがあるってことなんで、うちなんかどうなるのかなって……。

③ **木村**：ええ、まず部長が博多に行っちゃうでしょ？　それから伊藤さんは仙台。

本多：あら、やだ、何も言ってなかったのに。知らなかったわ。

木村：内示、もらったそうですよ。でも、なんか嫌がっているみたいでした。

中村：だろうね。あそこの支店は、仕事が多いらしいから。

本多：でも、新部長ってだれ？　課長ってこと？

中村：だったらやだなあ。でもあり得ますよね。

本多：でしょ？

木村：俺もあの人だったら、やですね。

本多：じゃないとすれば、岩崎さんかな？

中村：でもあの人は、中途採用なんでしょ？　そんな大抜てきなんてあるんですかねえ。

木村：岩崎さんなら、まあいいけど。

中村：でも、あの人がなったら厳しいですよ。やり手だし。

本多：だからこそ可能性大でしょ？

木村：まあ、そうですね。でもそうなったら、主任は本多さんじゃないですか。

本多：そしたら、あたしは社内初の女性主任？　きゃー、かっこよすぎる！

木村：その、すぐ調子に乗る癖は、改めたほうがいいですね。

本多：きゃー、憎ったらしい！　主任なったあかつきには、いじめてやる！

木村：あ、許して！

中村：でも、そうなれば、俺たち、最強チームですよね。みんな、仲いいし。

木村：でも、伊藤さんのかわりにすごく変なやつが入ってきたりして。

Notes

人事＝(Ab)人事異動、大幅な big, sweeping、入れ替え replace, shuffle、内示 an unofficial notice、嫌がる be disgusted、あり得る be possible、中途 middle、採用 employment、抜てき selection、厳しい strict、やり手 able person、可能性 possibility、調子に乗る be elated、癖 habit, behavior、改める change, reform、憎ったらしい＝(In)憎らしい hateful、許して You win

ひとりごと(4)「不平・不満・文句を言う」

◎オフィスでは、仕事や人間関係がいつもうまくいくとは限りません。嫌なこともあります、文句を言いたくなることも必ずあります。

①毎日残業じゃ、いやんなっちゃうよなあ。

②なんで、わたしだけこんなに仕事やらされるんだろ。

③限界だー！

④あの課長、細かすぎるんだよ。

6．意見を保留（ほりゅう）する　Deferring an opinion

基本会話

片岡（かたおか）：課長はどちらの案（あん）をおされます？

笠原（かさはら）：そうだな……。来週まででいいかい？　返事（へんじ）は。

戦略表現

1 意見を言わない

Avoiding giving an opinion

① さあ、どうですかねえ……。　② そうだなあ……。Ⓕ

③ なんとも言えませんね。　④ なんとも申し上げられないですね。

⑤ そんなこと、どうでもいいじゃないですか。Ⓕ

⑥ わたしの一存（いちぞん）では決めかねます。

2 決定を先延（さきの）ばしする

Postponing a decision

① この場（ば）では即答（そくとう）できかねるんですが、部長会にかけてみませんと。

② もう少し時間をいただけますか。

③ まだ先（さき）の話ですから……。　④ 返事は後でもいいですか。

3 断定（だんてい）を避（さ）ける

Avoiding making a conclusion

① ええ、まあ……。でも、今までも何回かあったんで……。

② ええ、一応（いちおう）。

③ そんな人じゃないと思うけどなあ……。Ⓕ

④ まあね。Ⓕ

⑤ そんなとこかな。Ⓕ

⑥ そうかもしれませんね。

⑦ そう言えなくもないですね。

Notes

案 plan、おす recommend、一存 one's own discretion、即答 an immediate answer

実用会話－1 ◀得意先の悪い評判について尋ねられる

Being asked about a bad rumor regarding a client

⑦ **榎木**：おまえ、確か、あの会社、担当だったよなあ。

④ **藤本**：なんでですか。

榎木：小耳にはさんだんだけど、あそこの社長、行方がわからないって、ほんと？

藤本：ええ、まあ……。でも、今まで何回もあったんで……。

榎木：そんなのんきなこと言ってて大丈夫なのかよ。支払い、滞ってないか？

藤本：先月は、ちょっと遅れたんですけど……。

榎木：今月分はまだなのか。

藤本：ええ。催促の電話はいれてるんですけどね、いつもいないって言われるんですよ。

榎木：部長、知ってるのか？

藤本：ええ、一応。

榎木：ふうん。資金繰りがつかなくて逃げまわってんのかな？

藤本：さあ、どうですかね……。

榎木：やばいんじゃないの？

藤本：まあ、今週いっぱいは待ってみようとも思っているんですけど。

榎木：手遅れにならないように、手をうっとかないと。何か、考えてんのか？

藤本：今週中に返事がなければ、乗りこんで行ったほうがいいですかねえ。

榎木：そうだなあ……。ほかは、だいじょうぶなんだろうな？

藤本：……。実は、もう１件支払いが遅れているとこあるんですよ。部長にはまだ言ってないんですけど。

榎木：ちょっとまずいよ、それ。早く言って、なんとかしたほうがいいよ。

藤本：そうですよね。今から部長に話してきます。

Notes

行方 whereabouts、のんきな carefree, optimistic、支払い payment、滞る delay, be overdue、催促する press、資金繰り a financial、逃げまわる run about trying to escape、やばい＝(Sl)危険な・怪しい be dubious、手遅れだ be too late、手をうつ do something、乗りこむ get into, go to see him

実用会話―2 ◀レジャー会員権購入の勧誘を受ける

Being asked to join a leisure club

⑤ **桜田**：お忙しいところ、お時間いただきまして、ありがとうございます。私ホット企画の桜田と申します。

㊛㊟ **篠原**：篠原です。

桜田：早速で、恐縮ですが、このパンフレットをご覧ください。都内13か所のスポーツクラブが、いつでもご利用できるほか、研修や会議、休暇に最適なリゾートホテルや、各種施設も、お電話１本でご利用できるようになっております。

篠原：なかなかよさそうですね。

桜田：ええ、ご契約いただきましたお客さまからも、満足しているというお言葉をたくさんいただいております。この法人契約システムは、従業員の皆様への福利厚生にお役に立てればと、企画されたものです。

篠原：契約しているところが多そうですが、予約がいっぱいだとか、行っても施設がいつもこんでるなんてことはないんですか。

桜田：ええ、毎月、各施設をご利用いただいたお客さまの調査をした上で、新規のお客さまにお声をかけておりますので、そういったご心配はご無用です。確実にご利用できる余裕がなければ、勧誘はいたしておりません。私どもでお選びしたお客様の快適さをまず第一に考えておりますので。

篠原：なるほどね、それでまあ、このお値段なんですね。

桜田：ええ、ただ決して非常識なお値段ではないと思いますが。

篠原：そうですね、まあ、この場では即答できかねるんですが……。とりあえず、パンフレットだけいただいておきます。

桜田：はい、ぜひともご検討ください。また改めてこちらからお電話させていただきますので。

Notes

恐縮ですが＝(Fo)恐れ入りますが I'm sorry to trouble you, but、利用する make good use of、最適 the most suitable、各種 various、施設 facilities、満足する be satisfied、法人 a juridical person、福利厚生 a welfare program、役に立つ be useful、いっぱいだ be full, All ～s are reserved、各～ each、無用だ＝(Fo)要らない do not need、非常識な absurd、検討する examine

実用会話―3 ◀移籍になる人について尋ねる
Asking about a person who is being transferred

① **井出**：奥寺さん、今度うちに移籍になる今村さんって知ってますか。

㊛⑤ **奥寺**：ええ、まあ。

井出：セクハラっぽいので、女の子たちから総すかんくらっちゃったって聞きましたけど、ほんとなんですか。

奥寺：うわさではね。でもはっきりしたことは、わからないのよ。前、いっしょに仕事したことあるけど、そんなことはなかったし……。

井出：でも、やですよね。

奥寺：うわさだから、わからないわよ。

井出：でも、火のないところに煙はたたないって言うじゃないですか。奥寺さんは、そう思わないんですか。

⑤ **今野**：何話してるんですか。

井出：あっ、今野さん。あのう、今村さんって、知っていますか。

今野：今度、うちに移籍になる？

井出：はい。

今野：うん、知ってるよ。あの人、仕事厳しいんだよね。でも、めんどうみもいいし、いい人だよ。僕もずいぶん教えてもらった。

井出：ふうん。今村さんのうわさ、知っていますか。

奥寺：井出さん、やめといたら。

今野：何？　教えてよ。今村さんが何だって？

井出：セクハラっぽくて、女の子に嫌われてるって。

今野：セクハラ？　冗談でしょ？　あっ、でも今村さん、飲むと触るくせがあったなあ……。それをセクハラって言われてもねえ……。

Notes

総すかん be detested、火のないところに煙はたたない Where there's smoke, there's fire.

7．提案(ていあん)する　Making a proposal

基本会話

（朝礼(ちょうれい)で）

吉永(よしなが)：伝言メモのことなんですが、必ずテープではるようにしたらどうでしょう。

桜田(さくらだ)：そうね。昨日(きのう)もトラブルがあったしね。賛成(さんせい)！

戦略表現

1 提案を切りだす
Introducing a proposal

① たいしたことじゃないんですけど、……。

② ひらめいただけなんですけど、……。

③ こういうの、どう？ Ⓕ

④ こうしてはいかがでしょうか。

⑤ 提案があります。

2 提案する
Making a proposal

① 木下(きのした)さんの目の高さのところにはっといたら、いいんじゃない？ Ⓕ

② 貼紙(はりがみ)をしておいたらどうかと思って。Ⓕ

③ 担当地区を2等分(にとうぶん)しよう。Ⓕ

④ フレックスタイム、導入(どうにゅう)しませんか。

3 提案を受け入れる
Accepting a proposal

① 賛成！ Ⓕ

② じゃあ、そうしましょう。

③ いいですね。

④ おもしろそうじゃない？（女）Ⓕ

Notes

提案 proposal、たいした～じゃない it's not much、ひらめく flash into my mind、はっとく＝(Co)はっておく，貼紙 a notice、導入する introduce

実用会話ー1 ◀節電(せつでん)について提案する

Making a proposal about conserving electricity

⑥ **酒井**(さかい)：おーい、倉庫(そうこ)の電気、つけっぱなしになってたぞ。最後、だれだ？

③ **木下**(きのした)：あ、僕です。すみません。

㊛⑤ **鳥山**(とりやま)：そういえば、昨日(きのう)もついてたわ。

木下：それは僕じゃありません。

鳥山：だって、木下さん、しょっちゅう倉庫に行くじゃない！

木下：だって……。

酒井：とにかく、最後の人が必ず消(け)すこと。

鳥山：こういうの、どう？

木下：それはいいですね。

鳥山：ちょっと、まだ何も言ってないじゃない。そんなことだから、いつも電気消し忘(わす)れるのよ。

酒井：まあまあ。で？

鳥山：だから、大したことじゃないんですけど、倉庫の出口(でぐち)の目立(めだ)つところに、消灯確認(しょうとうかくにん)のはり紙かなんかしといたらどうかと思って。

木下：さすが、鳥山さんだな。年の功(こう)！

酒井：でも、みんなの目に触(ふ)れるとこってなると、どこだ？

鳥山：木下さんの目の高さのところにはっておけばいいんじゃない？

木下：でも、僕の目の高さじゃ、鳥山さん見えないでしょ、背伸びしないと。

鳥山：わたしはそんなの見えなくてもいいのよ。忘れないんだから。

木下：僕だって、いつもいつも忘れませんよ。

鳥山：じゃあ、さっきは？

酒井：まあまあ２人とも。とにかくそれやってみようよ、はり紙。

鳥山：はい、じゃあ、わたし書きましょうか。

酒井：うん、頼む。で、木下くん、みんなが見えるとこにはっといて。

Notes

しょっちゅう＝(Co)頻繁(ひんぱん)に very often, constantly、消灯する put out lights、しとく＝(Co)しておく、年の功 wisdom grows with age (usually used teasingly)

第10章 意見交換(いけんこうかん)

Chapter 10　Exchanging Opinions

1．説得(せっとく)する　Persuading someone

基本会話

佐藤(さとう)：ロシア出張(しゅっちょう)の件(けん)、やっぱり僕が行かなきゃいけないんでしょうか。

山崎：やっぱり君しかロシア語ができる人がいないからなあ。なんとか頼(たの)むよ。

佐藤：あんまり自信ないんですけど。

山崎：現地(げんち)のモロゾフさんにもよく頼んでおくから。

戦略表現

1 説得する
Persuading someone

① デザインもフルチェンジしたし、新しい機能(きのう)もたくさんついているから大丈夫(だいじょうぶ)だと思いますけど。

② 社食(しゃしょく)は安いし、量も多いので、是非(ぜひ)ご利用ください。

③ 今度のはデザインがおもしろいでしょう？

④ クラスは少人数(しょうにんずう)のほうがいいんじゃないですか。

⑤ そんなこと言われたら、だれだっていい気分(きぶん)はしないでしょう？ Ⓕ

⑥ 企業(きぎょう)が消費者(しょうひしゃ)を教育(きょういく)しなくちゃね。Ⓕ

⑦ ぎりぎりに見積(みつ)ったほうなんですけど。

⑧ 双方(そうほう)の主張(しゅちょう)を取りいれた折衷案(せっちゅうあん)なんですが。

2 途中(とちゅう)までを確認(かくにん)する
Confirming the discussion up to that point

① さっき、そうおっしゃいましたよね。

② ここまではよろしいですね。

Notes

フルチェンジする change all、機能 functions、社食＝(Ab)社員食堂 a dining room for employees、消費者 consumer、ぎりぎりに(譲歩する) be the most (that one can concede)、見積る estimate、双方 both parties、主張 insistence、折衷案 compromise

3 重要な点を強調する

Emphasizing an important point

① 大切なのは、ＰＲの仕方。Ⓕ

② なんて言ったって、安いのが一番。Ⓕ

③ そこなんですよ。わたしの言いたいのは。

④ ポイントは３つあります。

⑤ 繰り返し申し上げますが……。

⑥ 声を大にして言いたい。Ⓕ

4 同意する

Expressing agreement

① はい。

② はい、そうします。

③ いいですよ。

④ わかりました。

⑤ それもそうですねえ……。

⑥ それは一理ありますね。

⑦ なるほど。Ⓕ

⑧ おっしゃるとおりです。

⑨ 異義なし！ Ⓕ

⑩ まあ、これもご時勢かな。Ⓕ

⑪ そういう時代なんでしょうね。

⑫ しょうがないな。Ⓕ

⑬ そうするしかないようですね。

⑭ やってみるか。Ⓕ

⑮ 負けたよ。Ⓕ

実用会話―1 ◀新製品の価格について説得する

Persuading someone in regard to the proposed price of a new product

㊟ **宮本**：今度の新製品の価格設定は、ちょっと高すぎやしませんか。

㊟ **黒木**：そうですか。でも、デザインもフルチェンジしたし、新しい機能もたくさんついているから大丈夫だと思います。

宮本：バニー社の同機種に比べて２万円も高くちゃ、対抗できないんじゃないんですかねえ。

黒木：そうかなあ。まず、今度のはデザインがおもしろいでしょう？　ですから消費者は多少高くても飛びつくと思いますよ。大切なのは、PR の仕方。つまり、いかにこの製品がユニークかをアピールするんですよ。営業と広報にも、その線でもってってもらうよう、徹底すればいいんじゃないでしょうか。

宮本：そうですね。その点を強調すればうまくいくかもしれませんね。

Notes

PR＝宣伝、ポイント＝要点 point、繰り返す repeat、声を大にする emphasize、一理ある there is some truth in it、異義 an objection、時勢 the current of the times、時代 period、対抗する oppose、飛びつく jump at、いかに＝どんなに how、ユニークな unique、アピールする appeal, show、強調する emphasize

実用会話ー2 ◀新製品の値引き率の引き上げについて相談する

Consulting about raising the discount rate on a new product

④ **森末**：新製品の値引き率の件なんですが……。

㊛㊟ **飯田**：代理店に卸す時の？

森末：ええ、前回の会議では一律45％引きの方向で行くとのことでしたよね。

飯田：確かそうだったと思うけど。何か問題ある？

森末：あの後、もう一度コスト計算の資料をあたってみたんですけど、ちょっときついんじゃないかと……。

飯田：え？　ちょっとそれ見せて……。これ、高めに見積ってない？

森末：ええ。でも、営業の売り上げ予想が楽観的すぎると思うんです。

飯田：確かに楽観的といえば楽観的かもしれないけど、でもいくらなんでも８掛けっていうのはねえ……。

森末：だめですか。

飯田：営業がオッケーしないんじゃない？　営業が反対して、45％引きじゃだめっていうなら、みんな納得せざるをえないけど、うちの部から反対意見がでて、なおかつ８掛けじゃあねえ……営業に言われるよ。現場がわかってないから、そんなとんでもないことが言えるんだって……。

森末：じゃあ、これじゃどうですか。ぎりぎりに見積ったほうなんですけど。

飯田：ええと、6.5掛けか……。どうかなあ……。まあ、いいか。今日の会議にかけるんでしょ？　これでだしてみたら？

森末：言われますかねえ、営業に。

飯田：まあ、言われるかもしれないけど、前回の会議では、ほかの部もみんな営業に押しきられたって感じで、45％引きに納得したってわけでもなかったし。ほかの部からの賛成票は集められるんじゃないかな……。

森末：はい、じゃあ、だしてみます。

Notes

卸す sell wholesale、一律 uniform、楽観的な optimistic、賛成票 approval vote

実用会話―3　◀オフィス内の全面禁煙を承諾する
Accepting a prohibition against smoking in the office

㊖ **藤井**：えー、準備室を整理して、スミスさんの個人オフィスに改造することになって、今まで事実上、喫煙室化していた場所がなくなってしまうんですけど、どうでしょう、この際いっそのこと、全面禁煙に踏み切るというのは？

㊟ **福田**：ちょっと待ってください。吸わない人にはわからないと思いますが、そんなに簡単に決めてしまっていいもんでしょうか。

③ **溝口**：そうですよ。喫煙の問題となると、いつも吸わない人の権利ばかり取りざたされて、喫煙者の権利は無視されるんですから。

㊛④ **田辺**：タバコなんて、百害あって一利なしじゃないですか。私の同期でヘビースモーカーの人がいたんですが、配属された研究室が禁煙だったんで、だんだん本数が減って、結局タバコをやめられたって、彼、喜んでいましたよ。

溝口：それはよかったですね。でも、喫煙は嗜好の問題なんですから、他人にやめさせることはできませんよ。

田辺：でも、休憩所に吸いに行くために席をはずすわけでしょ？　その間に電話なんかあったら、呼びに行かなきゃならないのはわたし達のわけですよね。

溝口：そんなの、トイレに行ってる場合と同じじゃないですか。

藤井：おい、おい、ちょっと本題からずれ始めたぞ。

福田：でも、喫煙場所としたら休憩所しか考えられませんよね。そうなると、来客の目にもつくことになりますね。うーん……。

田辺：そうですね。休憩時間ならともかく。

溝口：それもそうですねえ……。

田辺：我慢するのは辛いと思いますが、とりあえず努力してもらえたら、やめられるようになるかもしれませんしね。

福田：まあ、これもご時勢かな。禁煙するってきっかけが要るからな。

溝口：あーあ、禁煙もいいけど、タバコやめたら太るそうですよ。

藤井：俺も頑張るから、いっちょう、やってみようじゃないか。

Notes

改造する reconstruct、いっそのこと had better、踏み切る make up one's mind、権利 a right、百害あって一利なし do only harm、ヘビースモーカー a heavy smoker、嗜好 one's taste、本題 the main subject、ずれる shift、辛い hard、きっかけ an opportunity、いっちょうやってみる＝(In) ひとつやってみる Let's have a try.

2．反論する　Expressing disagreement

基本会話

佐藤：でもわたし、まだ入社して半年ですよ。何もわからないのに、交渉なんてできませんよ。

山崎：なんのために研修を受けてきたんだ。大丈夫。君なら何とかなる。

戦略表現

1 反論の前置き

Prefacing one's disagreement

① おっしゃることはわかるんですが、……。

② お言葉を返すようですが、……。

③ 確かにおっしゃるとおりかもしれませんが、……。

④ 基本的には賛成ですが、……。

2 問題点を遠回しに伝える

Talking indirectly about a problem

① どうしても価格が高いという意見がでてきてるんですよ。

② この件については、みんないい顔しないんですよ。

3 反論の根拠を示す

Giving reasons for disagreement

① この製品がターゲットにしている世代には、この価格がちょっと負担が大きいんじゃないかというんです。

② そんなに値引きしたら、ペイできません。

③ 景気も悪くなったし、高級志向だけでは、もはや通用しないんじゃないでしょうか。

④ 第一、リッツ社のと差別化できる点は、デザインの斬新さだけなんですよ。

⑤ 第一、ほかに売れてる利益率の高い商品がありますか。

Notes

交渉 negotiations、お言葉を返すようですが I don't mean to contradict you but、いい顔をしない express one's disapproval、世代 a generation、負担 burden、値引きする discount、ペイする pay、高級 high-class、志向 intention、通用する be accepted, hold good、もはや〜ない not ~ any longer、第一 above all、差別化する distinguish、斬新さ novel、利益率 profit rate

4 反対する

Disagreeing

① そうでしょうか。

② わたしはそうは思いません。

5 代替案(だいたいあん)を提出する

Giving an alternative idea

① じゃあ、こっちの案はどうですか。　② では、こうしてはどうでしょうか。

③ こうすれば、ご指摘(してき)の問題も解決(かいけつ)するはずです。

実用会話—1 ◀会議でサービスセンター開設(かいせつ)について話し合う

Talking about the proposal to open the service center

㊙ 成田　：サービスセンター開設案がでましたが、どうでしょうか。

㊙ ウィリー：基本的には賛成なんですが、それはあくまでも将来的(しょうらいてき)にということで、今すぐとか年内とかいうのは、ちょっと……。

成田　：しかし、このままでは営業部にかなりの負担がかかりますし、それでなくても消費者からは、なかなか電話がつながらないというクレームもはいっていて、ほとんどパンク状態なんです。もう営業部だけではさばききれないと思いますよ。

ウィリー：こういうのはどうでしょうか。消費者からの問い合わせは、電話かファックス、または手紙という形なので、サービスセンターに足を運ぶというのではない。ですから、営業部をパーテーションでしきって、別の電話を引き、2、3名補充するというのは……。

成田　：ほう。皆さん、いかがですか。

Notes

開設 establishment、さばく settle、補充する fill (up)

実用会話ー2 ◀新製品の価格案に反論する

Disagreeing about the proposed price for a new product

㊟ **岡部**（おかべ）：例の新製品の件なんですけど。

㊝ **寺尾**（てらお）：何か？

岡部：販促（はんそく）のプランを作ってる途中で、やっぱり高いっていう意見がでてきてるんですよ。

寺尾：ああ、ちょっと高めでいこうと思ってるんだが。

岡部：この製品がターゲットにしてる世代には、この価格ではちょっと負担（ふたん）が大きいんじゃないかっていうんです。

寺尾：うまくアピールして高級イメージを作っていけば、受けいれられるんじゃないかねえ。

岡部：リッツ社の同機種（どうきしゅ）に比べると、どうしても割高感（わりだかかん）がぬぐいされないんですが……。景気も悪くなったし、消費者の財布（さいふ）のひももかたくなっていることですから、高級志向（しこう）だけでは、もはや通用しないんじゃないでしょうか。

寺尾：うーん、なるほどなあ。

岡部：第一、リッツ社のと差別化できる点がないんですよ。デザインの斬新（ざんしん）さだけしか……。それだけじゃ店頭（てんとう）に並（なら）んだとき、販売員（はんばいいん）も説明しにくいだろうし、最近の若い人も賢（かしこ）くなってきましたからねえ。

寺尾：そうだな。ちょっと緊急（きんきゅう）の会議を召集（しょうしゅう）するから、そこでもう一度説明してもらおうか。

岡部：わかりました。

Notes

販促＝(Ab)販売促進 sales promotion、ぬぐいさる wipe off、財布のひもがかたい(Lit) tighten one's purse strings、店頭 in the front of the store、賢い smart、召集する convene, gather

実用会話ー3 ◀部長から作成したリストに難点があると言われた

A manager has a problem with the list made by a section chief

(部) **政岡**：遠藤君、新規のプロジェクトの人員のことなんだけど、ちょっといいかな。

(課) **遠藤**：はい、今まいります。

（部長の席に行く）

遠藤：すみません。お待たせしました。何でしょうか。

政岡：いや、君のリストに須田君が入っていないから、おかしいなと思ってね。あれだけ営業成績もいいのに、何か問題でもあるの？

遠藤：いえ、そういうわけじゃないんですが……。

政岡：能力がある社員には、十分に力を発揮できる場所を作ってあげるのが上の者のつとめだよ。そうじゃないかな？

遠藤：それはもちろんそうです。

政岡：それなら、まず第一に須田君を入れるべきだろ。

遠藤：ええ、ただ、このプロジェクトでやりたいのは須田君だけじゃないですし、ほかにも実力のある者はおりますし。ですから、リストの５人が最高のメンバーだと思うんですよ。それに須田君はまだいくらでもチャンスがありますし……。

政岡：そうかね。須田君だけの押しの強さが、ほかのメンバーにはあるのかね。わたしにはそうは思えないんだが……。

遠藤：押しの強さだけでは、まずいんですよ。協調性とかほかの面も考えてのことですから、須田君じゃちょっと……。

政岡：そうかね……。まあ、今回は君を信用するか。

遠藤：お願いします。この５名に思いきりやらせてみたいので。

Notes

新規 new、人員 the number of persons、成績 result、協調性 cooperativeness、信用する trust

Don't worry about "KEIGO!"

Although keigo is mostly used in business, it is one of the reasons that the Japanese language is said to be difficult for foreigners to master.

In the Japanese community, behavior and sense of value are based on the concepts of "uchi" and "soto"—which practically mean "us / our company" and "customer / client." Modern Japanese people use "keigo" for various reasons including expression of social status and respect towards superiors — but not to retain the old feudal age.

That's why the foreigners doing business in Japan or Japanese companies cannot avoid studying keigo. Japanese use keigo with their superiors even when they quarrel.

Keigo includes "teinei-go (polite form)" which is considered as the standard style such as "-desu" and "-masu," "sonkei-go (honorific form)" and "kenjo-go (humble form)." The choice of form is determined by the relationship between the two speakers. If the subject is a person deserving respect, a person not familiar to the speaker or the speaker's client, the verb takes the honorific form. If the subject is the speaker, his family, or persons who belong to his uchi-group (especially when he talks to a person who belongs to a soto-group) the humble form of the verb must be used. Both form can be polite or non-polite.

		Whom you're referring to			
		boss	sempai (senior)	kohai (junior)	client
Whom you're talking to	boss	①	②	③	④
	sempai	⑤	⑥	⑦	⑧
	kohai	⑨	⑩	⑪	⑫

①いついらっしゃいますか。私もまいりますが。

②いついらっしゃいますか。鈴木さんも行きますけど。
鈴木さん、今どこにいるかご存じですか。

③いついらっしゃいますか。山田(君)も行きますけど。
山田(君)、今どこにいるかご存じですか。

④いついらっしゃいますか。田中様もいらっしゃいますけど。
田中様、今どこにいらっしゃるかご存じですか。

⑤いつ行きますか。部長もいらっしゃいますけど。
部長、今どこにいらっしゃるか知ってますか。

⑥いつ行きますか。わたし(僕)も行きますけど。

⑦いつ行きますか。山田も行きますけど。
山田、今どこにいるか知ってますか。

⑧いつ行きますか。田中様(さん)もいらっしゃいますけど。
田中様(さん)、今どこにいらっしゃるか知ってますか。

⑨いつ行く？　部長もいらっしゃるけど。
部長、いまどこにいらっしゃるか知ってる？

⑩いつ行く？　鈴木さんも行くけど。
鈴木さん、今どこにいるか知ってる？

⑪いつ行く？　俺も行くけど。

⑫いつ行く？　田中さんもいらっしゃるけど。
田中さん、今どこにいらっしゃるか知ってる？

The use of keigo is relative. For example, when talking with the boss in the office, the speaker uses honorific when he refers to his boss, but when talking with a client, he must use the humble form of the verb when he refers to even the president of his company. There are two points, whom you're referring to and whom you're talking to.

	Whom you're referring to			
	boss	sempai	kohai	client
When you're talking to a client	⑬	⑭	⑮	⑯

⑬いついらっしゃいますか。渡辺もまいりますが。渡辺が今どこにおるかご存じですか。
⑭いついらっしゃいますか。鈴木もまいりますが。鈴木が今どこにおるかご存じですか。
⑮いついらっしゃいますか。山田もまいりますが。山田が今どこにおるかご存じですか。
⑯いついらっしゃいますか。私もまいりますが。

However, as shown in the following list, sometimes even the Japanese confuse the honorific and humble forms or attach the auxiliary verb "-reru" (expressing respect) to the humble verbs.

Neutral	Incorrect usages	Corrections
(To a client) ～ですか	～でございますか	～でいらっしゃいますか
(Do you have ～？ / Is there ～?) ～がありますか	～がございますか	～がおありですか ～をお持ちですか ～を扱っていらっしゃいますか
(You mean ...) ～と言うと？	～と申されますと？	～とおっしゃいますと？
(Is Mr. /Ms. ～ available?) ～、いますか	～、おられますか	～、いらっしゃいますか

English Translation (Practical Conversation)

■ Chapter 1 Greetings

(P. 20) **Practical Conversation-1**

Katoh: How do you do? My name is Katoh. I'm afraid that there's many things for me to learn about this job, so I hope to give it my best. Please grant me your kind assistance.

Yoshida: I'm Yoshida. If you ever have any questions, feel free to ask me.

Practical Conversation-2

Cole: Hello, I will join this section. My name is Cole. I might not know the details of this work well, so I'd appreciate it if you would help me with them.

Minami: Nice to meet you. I have heard you always do a good job. I heard it from Mr. Tsuchiya.

Cole: Oh, do you know Mr. Tsuchiya?

Minami: Yes, he was hired at the same time as me. I have heard a lot about you from him.

Practical Conversation-3

Harada: You're always a great service to us. I'm Harada of the third sales section of Japan International Trade. Although I have spoken on the phone with you many times, this is the first time to meet you. I apologize for not having personally met you earlier. I look forward to continuing our work together.

Simons: I do too. It somehow doesn't feel like this is the first time for us to meet.

(P. 21) **Practical Conversation-4**

Maxwell: Sorry to have kept you waiting. I am in charge of public relations. My name is Steve Maxwell. Nice to meet you.

Okamoto: Nice to meet you, too. I am Okamoto of the publicity department of Nagai Electricity. I was introduced by Mr. Tajima.

Maxwell: Oh, Mr. Tajima.

Okamoto: Yes, he was my senior at our university.

(P. 23) **Practical Conversation-1**

Kawasaki: This is Tanaka who is our section chief. Chief, this is Tsukada who is manager of the sales department.
(As Tanaka and Tsukada exchange business cards with each other.)

Tsukada: Nice to meet you, my name is Tsukada.

Tanaka: My name is Tanaka. I deeply appreciate your constant service.

Practical Conversation-2

Kawasaki: This is a manager, Mr. Horibe and a section chief, Mr. Tanaka. This is Mr. Tsukada. He is the sales department manager.

Tsukada: My name is Tsukada. Nice to meet you. I appreciate Mr. Kawasaki's constant good work.

Kawasaki: We're the ones who are thankful.

Horibe: Thank you very much for your constant patronage to Mr. Kawasaki.

Practical Conversation-3

Yamashita: Thank you for your constant patronage. Unfortunately I will be transferred to our office in Osaka soon. So I would like to introduce a new salesperson who will take over my position and I would like to say farewell to you also.

Asai: Oh, thank you for your kindness.

Yokoh: Nice to meet you, sir. My name is Yokoh.

Asai: My name is Asai. Nice to meet you. So a young person has taken over our account.

Yamashita: Though she is young, she is a reliable person. Please help guide her in her new responsibility.

Yokoh: Please grant me your kind assistance.

(P. 24) **Practical Conversation-4**

Yamada: Hi, long time no see.

Nakano: Hi, how are you?
(Mr. Yamada notices Mr. Nakano's associate.)

Nakano: Ah, this is Michael. He is now working with me.

McMillan: Nice to meet you. My name is Michael McMillan.

Yamada: Hello, my name is Yamada. We were hired at the same time.

McMillan: Oh, really?

Nakano: Well, I have to go. See you later.

Yamada: Okay, see you again.

Practical Conversation-5

Ikeuchi: A new guy is going to join us today. His name is Katoh and he is from our Yokohama branch. I want him to get used to our work soon. Mr. Katoh ...

Katoh: Hello, my name is Katoh. I am from the Yokohama branch. As I am not familiar with your office's work now, I may give some trouble to you. Anyway, I will do my best. Nice to meet you.

Liu: How do you do? My name is Liu. I

joined this department just last year, so I have been here just a little longer than you. Well, let's do our best.
Katoh: I am looking to you for guidance.
Tsuchiyama: Hi. I am Tsuchiyama. I guess I am the oldest among us. I know this section's work well, so please ask me if you have any questions.
(P. 27) **Practical Conversation-1**
Ide: It has been a long time since I saw you last.
Miles: Long time no see. How was your summer vacation. Did you go anywhere?
Ide: Yes. I went to Hokkaido with my wife after not having done so for a long time.
Miles: That's nice.
Practical Conversation-2
Kosaka: Hi, long time no see. How are you?
Fukazawa: Hummph.
Kosaka: How is it over there?
Fukazawa: It's tough. It is hard for me.
Kosaka: Really? How is your wife?
Fukazawa: She returned with me, but she seems to like it there ...
Kosaka: It is not so bad is it? I heard someone's wife had a nervous breakdown there and returned to Japan.
Fukazawa: I know. But I feel rather sick.
Kosaka: Are you that busy?
Fukazawa: Yes. I am thinking to ask my boss to increase the staff.
(P. 28) **Practical Conversation-1**
Mary: Hi. I am going to return to the United States tomorrow, so we cannot meet with each other for the time being. So take care yourself.
Mikami: Oh, that is good. When will you come back?
Mary: I will probably return around the 10th of January.
Mikami: I see. Well, happy new year and enjoy your trip.
Mary: Thank you. You have a good year, too.
(P. 32) **Practical Conversation-1**
Matsuzaka: Good morning.
Martin: Good morning. Strong wind today, isn't it?
Matsuzaka: It's Haru-ichiban.
Martin: Haru-ichiban?
Matsuzaka: It's the first day in which a strong wind comes in the spring.
Martin: Oh, I see. Does it come at this time every year?
Matsuzaka: I do not think so. This is the earliest it has ever been. It is very warm today, isn't it?
Martin: Yeah, it sure is.
Matsuzaka: I have heard that it is like a day in early April.
Martin: Oh, spring has come.
Practical Conversation-2
Aikawa: Long time no see.
Natori: It has a long time since I saw you last.
Aikawa: How are you doing? Did you get a bonus?
Natori: Yes, I did.
Aikawa: Oh, That is good. I envy you as your company is not affected by bad business conditions.
Natori: How is work going? I have heard that you have a lot of business trips as usual.
Aikawa: Yes, I have a lot of work. I spent New year's in Thailand.
Natori: I suppose your wife must be having a hard time also.
Aikawa: I do not think so. I think she has already gotten used to it.
(P. 35) **Practical Conversation-1**
Ichikawa: Something good happen, Sakagami?
Skagami: You can tell?
Ichikawa: Of course. Just now you were smiling about something. That's not like the Sakagami that I usually know.
Sakagami: Well, I was smiling — our baby was just born.
Ichikawa: Really? Didn't you say that it wouldn't be until next week?
Sakagami: Yeah, but the baby was born earlier than expected.
Ichikawa: Well, congratulations! Is it a boy or a girl?
Sakagami: A boy. He's got a nose like mine. I'd say he got his eyes and mouth from my wife.
Ichikawa: So you've become a doting parent and your face is bursting with smiles.
(P. 36) **Practical Conversation-2**
Nakagawa: You are the top person in our section.
Inagaki: Yes! Takemura sure is.
Takemura: Mr. Tsuchiyama should thank us for getting this contract. He has a close relationship with Mr. Kiuchi of Hirayama Trade. He set the groundwork for getting the contract. If he hadn't, we wouldn't have gotten the contract so quickly.
Nakagawa: It is the result of Takemura's hard work.
Inagaki: Yes, Takemura's constant

efforts were rewarded. It was Takemura who got Mr. Tsuchiyama to act. That is Takemura's natural virtue.

Takemura: I'm embarrassed to hear this. But, I am happy. Honestly speaking, I thought it wouldn't be finished until the end of this year.

Nakagawa: Oh, what a modest attitude you have! Right, Inagaki?

Inagaki: Yeah, you are the number 1 salesperson.

Takemura: Oh, don't flatter me so much. It is not a big deal.

Inagaki: This is not flattery. I really think so.

Nakagawa: Yes, Inagaki always tries to become a person like Takemura.

Inagaki: Yes.

Takemura: Oh, thanks. I am glad to hear that from my junior. Well, I have to give the report to the manager.

Inagaki: I am sure the manager will be glad.

Nakagawa: I think so, too.

(P. 37) **Practical Conversation-3**

Swan: Here's the report, sir.

Sagawa: Oh, you've finished it? Just put it there. I'll look at it later.

Swan: Okay. I'll put it here.

(After a while)

Sagawa: Swan, could you come here a second?

Swan: Yes.

Sagawa: I've read the report. It looks like your daily Japanese studies have really improved your Japanese skills.

Godoh: Swan is already in the advanced Japanese class at our company.

Sagawa: Oh, that's great!

Swan: Thank you very much.

Godoh: I have a monthly attendance report of the personal department. According to the report, he is seldom absent from the class.

Sagawa: Oh, he does his best. He is great!

Swan: I do not think so. To tell the truth, I was late in informing you that I have passed the Japanese proficiency test, level 1.

Sagawa: That's terrific. You are a model foreign worker.

Swan: I do not think so. Anyway, I am glad to be praised. Thank you very much.

Godoh: That's great! You can do the same work as a Japanese.

Swan: I do not think so. I have to study more.

(P. 39) **Practical Conversation-1**

Simon: You're still not finished, Kajiwara?

Kajiwara: Yeah, I'm going to stay a little longer. You really should go ahead and go home. Don't worry about me.

Simon: Yeah, but you stay here late every night, don't you? You shouldn't push yourself so hard. What good is it if you just end up destroying your health?

Kajiwara: But the deadline is the day after tomorrow. I'll stay just a bit longer.

Simon: Let me know if there's something I can do. I'd be glad to help.

Kajiwara: Thanks. The way this is going today, I might ask for your help tomorrow.

Simon: Sure. Feel free to ask me. I'll do anything to help my senior.

Kajiwara: Thanks.

(P. 40) **Practical Conversation-2**

Kuroki: Ahh, It's just not working out right.

Ejima: What's wrong?

Kuroki: That deal with Saigon Trading Company.

Ejima: Oh, that. Well, there's no use in getting all worked up about it now. It's best to just let it go.

Kuroki: Yeah, but I spent a year and a half going back and forth to them. I had thought we were ready to sign a contract.

Ejima: Yeah, it's hard to believe they wouldn't. But it was those other guys — Yamaguchi production — that were at fault. It appears that they have been in tight with Saigon for a long time.

Kuroki: Still, the section chief at Saigon, Kijima, say it would all be okay.

Ejima: It's no good talking to just a section chief. I'm sure Yamaguchi talked to someone higher up at Saigon.

Kuroki: Someone higher, like a department manager? Yamaguchi sure is in a different league from us.

Ejima: Don't say such a pathetic thing. It's not that they're in a different league, it's that we didn't push hard enough. If you don't think of it that way, then you won't be able to do this work.

Kuroki: Yeah, that's true, but I just can't get over it.

Ejima: There's nothing you can do about it. Yamaguchi is no good. But more than anything, you should keep up the hard work.

Kuroki: What was the purpose of this past year and a half? I won't be able to look our section chief in the face.

Ejima: Even the section chief will understand.

Kuroki: Ahh.

(P. 43) **Practical Conversation-1**

Ozaki: Mr. Shimomura, you should take the file soon. The client has been waiting.

Shimomura: Sure. I will finish this work soon.

Ozaki: You should do it later. Hurry up.

Shimomura: O.K., I will.

Ozaki: Anyway, say hello to him!

Shimomura: Yes, I will. I may return around 4 o'clock.

Ozaki: Anyway, call me after you deliver it.

Shimomura: Sure. I'm leaving now.

Ozaki: Take care.

Practical Conversation-2

Suzumoto: Well, it is nearly 5 o'clock.

Furuichi: What's happened? You have a depressed look.

Suzumoto: I do not have any particular reason. Although it's "Hanakin" today, I have overtime work.

Furuichi: Oh, that's too bad. Do you still have a lot of work?

Suzumoto: I guess it will take 2 hours to finish. I was really interrupted by having to go out unexpectedly this afternoon. I did not expect it today.

Furuichi: I wish I could help you, but ...

Suzumoto: Do not worry. Anyway, you have somewhere to go, right? I saw that Mr. Suzuki has come.

Furuichi: He was hired at the same as me. Well, I'm taking off now.

Suzumoto: Take it easy.

(P. 45) **Practical Conversation-1**

Katayama: Mr. Eguchi, congratulations!

Eguchi: Thanks.

Katayama: So you're going to be the vice president of the Osaka branch.

Eguchi: Yeah.

Katayama: That's really wonderful. I wish you the best of success.

Eguchi: Thank you. But I'll be living away from my family, so it's going to be tough.

(P. 46) **Practical Conversation-2**

Terashima: I appreciate your constant patronage. I have to go to England for one month starting next week, so I came to express farewell to you.

Saijoh: Oh, thank you very much.

Terashima: Mr. Suzuki will take care of your company in my place for a while. If you have any questions, please do not hesitate to ask him.

Saijoh: Okay. Have a safe trip.

Terashima: Thank you very much.

Practical Conversation-3

Ram: Mr. Murata, I have heard you will transfer to the office in Singapore. You had been hoping to do so for some time, haven't you? Congratulations.

Murata: Thank you. Oh, yeah — Dick, the guy who quit our company not too long ago is in Singapore, right?

Ram: Yeah, I think he's working for a Japanese company there.

Murata: Is that so? Well, it would be nice to meet him over there.

Ram: Shall I find out where he's at?

Murata: Sorry to ask, but could you?

Ram: Sure, I'll be going home to Singapore this summer, so maybe the three of us can get together.

Murata: Yeah, that would be fun.

(P. 47) **Practical Conversation-4**

Clinton: Mr. Tanaka. Thank you very much for all you have done for me.

Tanaka: Oh, I'll miss you. I can't believe you're really going back to the U.S., George.

Clinton: Yes, I intend to look for a job like this there.

Tanaka: Well, good luck. If you come to Japan again, let me know.

Clinton: Thank you. Good luck to you.

Tanaka: Please at least send me a Christmas card.

Practical Conversation-5

Choe: Thank you very much for all you have done for me.

Matsumoto: Oh, today's the day?

Choe: Yes. I'm leaving the company today.

Matsumoto: Many thanks for your hard work for a long time. I have heard you will go back to Korea, right?

Choe: Yes.

Matsumoto: Please do your best there.

Choe: Thank you for your kindness. And please take care yourself.

Matsumoto: Oh, thanks.

Choe: Since Korea isn't far away, please visit us when you have time. I will show you around.

(P. 49) **Practical Conversation-1**

Tsukui: Thanks for helping out at my mother's funeral.

Tachibana: Oh, not at all. You must have had a hard time, haven't you?

Tsukui: Anyway, thank you very much for coming on your day off.
Tachibana: Do not mention it so politely.
Tsukui: This is a small token of my appreciation.
Tachibana: Oh, that is too kind for me.
Tsukui: No, really, this is just a small token.
Tachibana: I feel sorry that you've gone to the trouble of getting it for me.

Practical Conversation-2

Oki: I have finished. Is this O.K.?
Asahina: Thanks. You've really helped me.
Oki: Would you like some coffee? I will go out and get it.
Asahina: What?
Oki: Coffee.
Asahina: Oh, well, straight coffee, please.
(Mr. Oki brings some coffee.)
Oki: Here you go.
Asahina: Thanks.

(P. 50) **Practical Conversation-3**

Fukushima: Miss. Miyazaki. About the negatives which I borrowed from the data office.
Miyazaki: Yes?
Fukushima: To tell the truth, I have lost them ...
Miyazaki: What? The ones for the product samples?
Fukushima: Yes, I tried hard to find it, but I couldn't.
Miyazaki: Oh, those were just some copies. You do not need to worry so much.
Fukushima: I am terribly sorry. I will be careful from now on.

Practical Conversation-4

Miyazawa: I'm very sorry I'm late for our appointment.
Satoh: What happened?
Miyazawa: To tell the truth, the taxi which I took was involved in a traffic accident on the highway.
Satoh: What? Are you O.K.?
Miyazawa: I am O.K. It was just a little fender bender. But then I couldn't contact you at all.
Satoh: That's O.K. Anyway, now, I'm just glad you weren't injured.
Miyazawa: Thank you very much. I now feel strongly about the importance of having a portable phone.
Satoh: Yeah. It wasn't a big deal this time, but there certainly are times when it's neccessary to have one.

(P. 51) **Practical Conversation-5**

Aida: I'm really sorry, Aikawa.
Aikawa: What's wrong?
Aida: I spilled ink on this.
Aikawa: What? No way! It took me a long time to do this.
Aida: I'm very sorry.
Aikawa: Well, I guess all I can do is just to redo it.
Aida: I'll treat you to lunch today.
Aikawa: That's right you will — to the finest eel.

(P. 53) **Practical Conversation-1**

Ohkubo: Hi, Mr. Adachi, I heard you will get married soon. Congratulations!
Adachi: Thank you.
Ohkubo: What is she like?
Adachi: Oh, she's a woman.
Ohkubo: That's not what I mean! Where did you meet?
Adachi: She was a junior member of our club in college.
Ohkubo: Oh, really? Is she working now?
Adachi: Yes.
Ohkubo: Will she continue working after you get married?
Adachi: We'll both be working for a while — as our company doesn't pay so much.
Ohkubo: I see.

Practical Conversation-2

Tashiro: Good morning.
Tsukui: Good morning.
Tashiro: I was sorry to hear about your mother.
Tsukui: Oh, thank you. I'm sorry that I took so much time off. Any big changes while I was gone?
Tashiro: No, not particularily.
Tsukui: Really? Well, I'll go greet everyone now.

(P. 54) **Practical Conversation-3**

Yamaguchi: Long time no see.
Andoh: Yeah, I haven't see you for a while. How have you been?
Yamaguchi: Good. By the way, I heard about your father.
Andoh: Oh, yeah ...
Yamaguchi: I'm sorry I didn't know earlier.
Andoh: That's okay.

Practical Conversation-4

Keator: How old is your mother?
Aoki: Oh, she passed away last year.
Keator: I'm so sorry. I shouldn't have asked.
Aoki: No, don't worry about it.
Keator: I'm really sorry.
Aoki: It's okay, really. But why did you ask?
Keator: Oh, no reason in particular.

Practical Conversation-5

Kumagaya: Congratulations! I've heard

you had a son. Have you already given him a name?

Ohbayashi: Oh, thanks. I'd been hoping to have a son. But it's difficult to decide on a name as everyone around us is throwing in his or her suggestion.

■ Chapter 2 Telephone Conversation

(P. 58) **Practical Conversation-1**

Smith: Star Electricity, Public Relations Section.

Sasaki: This is Sasaki of Lordon Communications. Mr. Smith?

Smith: Yes. Good evening.

Sasaki: Do you always work this late?

Smith: No, no. Just these days. What can I do for you?

Sasaki: Is Mr. Yoshida there?

Practical Conversation-2

Lopez: Star Electricity.

Nishikawa: This is Nishikawa of Hirota Transport. I'm sorry to disturb you during your lunchtime.

Lopez: That's all right. What can I do for you?

Nishikawa: Could you please put Mr. Watanabe on the line?

Practical Conversation-3

Ohta: Hirakawa Trading Corporation, Sales Section 2.

Nohara: This is Nohara of Star Electricity.

Ohta: What can I do for you?

Nohara: I got Mr. Ohta's name from Mr. Kiyose of ABC Trading Company. I'd like to talk to Mr. Ohta regarding our products.

(P. 59) **Practical Conversation-4**

Matsumoto: Tokyo Densen.

Larson: Matsumoto? This is Larson.

Matsumoto: Hello, Mr. Larson. It's been a long time since I called you last. What can I do for you?

Larson: I'd like to place an order.

Matsumoto: Thank you very much. What will you order?

Larson: I sent you a fax today ...

Matsumoto: Oh, we've received it. Just a moment. I have your order. Thank you very much. I think we can send it tomorrow.

Larson: I see. By the way, thank you very much for giving me the souvenir the other day.

Matsumoto: Oh, it's my pleasure.

Larson: How many days did you stay in Hawaii?

Matsumoto: For one week. I worked for 5 days and had two days off.

Larson: That's good. I wish I had your status. We all enjoyed the chocolate you gave me. It tasted great.

Matsumoto: That's good.

Larson: Please say hello to the director.

Matsumoto: Sure. Be sure to come by here sometime soon.

Larson: Thanks. Well, I'll talk to you again.

Matsumoto: Good-bye.

(P. 61) **Practical Conversation-1**

Dupont: Hello. This is Dupont of ABC Trading Company.

Yamano: Hello, can I help you?

Dupont: Is Mr. Yamano of Sales Section 2 there?

Yamano: This is Yamano speaking.

Practical Conversation-2

Hosokawa: Heart Motors, Shonan Branch.

Kim: This is Kim of Yokohama Motors. Ms. Honda?

Hosokawa: Oh, Mr. Kim? This is Hosokawa. Ms. Honda is away from her desk right now.

Kim: Oh, is that you Mr. Hosokawa? Thanks for your assistance the other day.

(P. 63) **Practical Conversation-1**

Wang: Shibata Electricity, Sales Department, Section 4.

Ohhira: This is Ohhira.

Wang: Hi, how are you doing?

Ohhira: I'm still here at the client's office. Is the section chief there?

Wang: Just a moment. (Putting the line on hold) Sir, Ohhira's on line 5.

(P. 64) **Practical Conversation-2**

Smith: Star Electricity, Public Relations Department.

Sasaki: This is Sasaki of Lordon. Can I talk to Mr. Nakamura?

Smith: Just a moment please. (Putting the line on hold and calling Mr. Nakamura's extension) Lordon on line 2 for you.

Sasaki: Oh? From London?

Smith: No, it's Mr. Sasaki of Lordon Communications.

Nakamura: Hello, Nakamura speaking.

Sasaki: Hello, Mr. Nakamura, this is Sasaki of Lordon.

Nakamura: Thanks for calling. As for today ...

Practical Conversation-3

Chris: ABC Trading Company.

Tomiyama: This is Tomiyama of Johnan Travel.

Chris: What can I do for you?

Tomiyama: Is Watanabe there?

Chris: There are two people named

Watanabe here.
Tomiyama: Oh, the Watanabe I'd like to speak to is a woman.
Chris: Okay. Just a moment, please.
Watanabe: Hello, Watanabe speaking.
Tomiyama: This is Tomiyama of Johnan Travel.

(P. 69) **Practical Conversation-1**
Shimizu: Is Mr. Yamano of sales section 2 there?
Seto: I'm afraid he is out visiting clients today, and he is supposed to be back around 5:00 in the afternoon.
Shimizu: Okay, I'll call again around 5:00.

Practical Conversation-2
Kagawa: At what time will he be back?
Yamane: He's supposed to be back around 4:00.
Kagawa: Will you ask him to return my call when he gets back?

Practical Conversation-3
Nagasaki: He's overseas on business now.
Ise: When will he be back at the office?
Nagasaki: Monday, the 6th of next month.
Ise: Is there anyone else there who is familiar with the matter?

Practical Conversation-4
Shibata: Sorry, he is on another line.
Takayanagi: Do you think he will finish soon?
Shibata: Hmm ... I don't think so. The call came in just a few minutes ago.
Takayanagi: Do you mind if I wait on the line?

(P. 70) **Practical Conversation-5**
Hasegawa: Does it look like she'll still be on the line for a while?
Kanai: I can't say. Would you like to wait?
Hasegawa: Well, I'll be going out soon.
Kanai: Could you wait just a moment, please.
(Kanai shows Sugiyama a note saying that Hasegawa is waiting on another line)
Sugiyama: (Putting the line on hold)I'll be finished soon, so have him wait a moment.
Kanai: Sorry to have kept you waiting. Ms. Sugiyama will be finished soon, so could you wait a little more.
Hasegawa: Thank you.

Practical Conversation-6
Okuno: Sorry to keep you waiting, but Mr. Mohri is on a business trip starting today. He'll be back on Monday of next week.
Wakasa: Oh, no ... What shall I do? I really need to talk to him today.
Okuno: He calls the office regularly, so I can relay a message.
Wakasa: That will be great. I'll be in my office until 3:00 in the afternoon. If he calls later than that, have him leave the message with either Suzuki or Yamamoto.
Okuno: Okay. Just in case, could you please give me your phone number.
Wakasa: Yes, ready? It's 3323-5514.

(P. 71) **Practical Conversation-7**
Israel: Just a moment, please.
(Putting the line on hold and then speaking to Aoyama)
Aoyama, Mr. Ohta of Hirakawa Trading Company is on the line.
Aoyama: Oh! Tell him that I'm not here. Tell him I'll be out the whole day.
Israel: I have kept you waiting. I am terribly sorry, but Aoyama is out visiting clients all day today.
Ohta: Oh! When will she return to the office?
Israel: I don't think she will return here today. However, she will call from her destination.
Ohta: O.K., if she calls there, please ask her to call me tomorrow.
Israel: O.K., sir. I will tell her that. Just in case, may I have your phone number, please?

Practical Conversation-8
Noguchi: This is Noguchi of Hirakawa Trading Company. Is Mr. Matsuo there?
Nancy: I'm afraid he's away from his desk right now.
Noguchi: I'd like for him to call me right away when he gets back, but I'm going to another room now, so could you please take a message.
Nancy: Sure.
Noguchi: Please have him call me at 1533-9871.
Nancy: Okay, I'll tell him that.

(P. 75) **Practical Conversation-1**
Carlos: Systa Industries, Public Relations Department.
Hayakawa: Hello, I'm Hayakawa of Onoda Industries. Is Mr. Fuse there?
Carlos: I'm afraid there's nobody else here besides me at this moment.
Hayakawa: Is everybody else gone?
Carlos: Yes, they are.
Hayakawa: Will anybody come back to the office today?
Carlos: No, I don't think so.
Hayakawa: Hmm ... Can I leave a message?

Carlos: I'm sorry , but I don't understand Japanese very well yet. Could you tell me it in English?
Hayakawa: This is a problem. I can't speak English.
Carlos: Well, would you please say it in simple Japanese.
Hayakawa: Okay, please tell Mr. Fuse to call me back.
Carlos: Have Fuse call you, right?
Hayakawa: Yes, that's right.
Carlos: When should he call you?
Hayakawa: Please ask him to call me early tomorrow morning.
Carlos: Will 9:00 o'clock tomorrow morning be all right with you?
Hayakawa: Yes, that's fine.
Carlos: Excuse me, could you give me your name again, please?
Hayakawa: Hayakawa of Onoda Industries.
Carlos: Mr. Hayakawa of Onoda Industries. Okay, I'm Carlos Pele. I'll give him the message.
Hayakawa: Thank you.
Carlos: Good-bye.

(P. 76) **Practical Conversation-2**

Jeff: Lordon Communications, Public Relation Department.
Asaoka: This is Asaoka of Star Electricity. I have an appointment with Mr. Ikenaga at 11:00, but he's not here yet. Is there any message from him for me?
Jeff: Oh, yes, he called a few minutes ago. He asked me to tell you that he is delayed because of a train accident, but he is on his way, and would like you to wait for him there.
Asaoka: I see. I'll keep waiting.
Jeff: I'm sorry for the inconvenience.

Practical Conversation-3

Kudoh: I'm sorry, but Okabayashi is out of the office right now.
Mizuno: Hmm ... I have some urgent business with him, so could you please contact him.
Kudoh: Okay, I'll try to get in touch with him.
Mizuno: Please do. It's rather urgent.
(30 minutes later)
Kudoh: Hello, this is Kudoh of Hirakawa Trading Company — I spoke with you earlier.
Mizuno: Oh, yes, thank you. Did you call Mr. Okabayashi?
Kudoh: I called him on his beeper, but he hasn't called back yet. What would you like for me to do?
Mizuno: Hmm, not much more that can be done, huh?
Kudoh: I'm sorry I can't help you more.
Mizuno: Well, I guess I'll just wait, so please have him call me.

(P. 77) **Practical Conversation-4**

Sano: Is Ms. Kurusu there?
Kodama: Yes, just a moment. May I have your name?
Sano: Sure, I'm Sano.
Kodama: (Putting the line on hold) Chris! Call on line 2 from a person named Sano.
Chris: Sano? Thanks.
(Answering the phone)
This is Chris.
Sano: Hi, how's it going? I have something to tell you. We are able to arrange the spring campaign on the street in Ginza.
Chris: Uh, sorry, but what company are you from?
Sano: This is Sano of Sakuho-do.
Chris: Just a moment please, sir.
(Putting the line on hold)
Kodama, could you answer this? I can't understand what he's saying nor who he is.
Kodama: O.K., Chris. (Picking up the line) Sorry to keep you waiting. Chris doesn't speak Japanese well.
Sano: Oh? Isn't this Diamond Planning Corporation?
Kodama: No, it isn't.
Sano: Oh, I'm verry sorry. I dialed the wrong number.
Kodama: That's okay.
Chris: What was it about?
Kodama: It was a wrong number. Maybe he had said "Is Ms. Kurusu there?"
Chris: There's a Japanese name "Chris," too?
Kodama: There's a name "Ku-ru-su," although it's rare. That was pretty funny.

(P. 78) **Practical Conversation-5**

Sakakibara: Please write down this message. Ready?
Gotoh: Yes, go ahead.
Sakakibara: We sent you 2 Orange, MM-V2100, multi-sync-monitors last Friday morning. You're supposed to receive them today.
Gotoh: I got it. Excuse me, could I have your name again?
Sakakibara: Sure, I'm Sakakibara.
Gotoh: So, it's Mr. Sakakibara of Happy Computer Service.
Sakakibara: Could I have your name, please?
Gotoh: Gotoh.

Sakakibara: Please be sure to tell him.
Gotoh: I'll give him the message. Thanks, bye.
Practical Conversation-6
Abe: I'm sorry, but he's in a meeting right now.
Nashimoto: This is urgent, so could you please show him a note saying that I'm calling.
Abe: Yes, just a moment, please.
(He takes a note to the person being called, and then returns to the phone)
Abe: Sorry to have kept you waiting. I'm sorry, but it's not possible for him to leave the meeting now, so he will return your call.
(P. 81) **Practical Conversation-1**
Katayama: Is my aunty there?
Yamano: Aunty? What number are you calling?
Katayama: Yeah. I am Takeo.
Yamano: What number are you calling?
Katayama: 1234-9876.
Yamano: You called the wrong number. Try to call your aunty again.
Kayama: O.K.
Practical Conversation-2
Kawai: Hello, I'd like to ask you about the operation ...
Hoshina: This is the software business department. The support center will take care of your question. The center has a direct number. Could you please call there. The number is ...
Practical Conversation-3
Yagi: I'd like to speak with Yamazaki. This is Yagi. I heard that he just called me.
Kadokawa: Yamazaki? There's no one here by that name. What number did you call?
Yagi: Isn't this Japan System Service?
Kadokawa: No, it isn't. This is Japan Service Systems.
Yagi: Oh, I'm sorry. I have the wrong number.
(P. 82) **Practical Conversation-4**
Tezuka: JTP. Can I help you?
Hanaoka: Yes, I bought your table calculation software and ...
Tezuka: Yes?
Hanaoka: I can't seem to install it properly, so I thought I'd ask how to do it.
Tezuka: I'm sorry, but this is an advertising company.
Hanaoka: Huh? Isn't this JTP?
Tezuka: Yes, but I've heard that there is another company with the same name in Tokyo. Perhaps you want the other JTP.
Hanaoka: I guess so. Sorry.
Tezuka: That's okay. Good-bye.
Practical Conversation-5
Akagi: Yes.
Shiraishi: Yama-chan? Sorry to bother you, but could you please bring me the file on my desk.
Akagi: Who are calling? This is Research.
Shiraishi: Isn't this 362?
Akagi: No, it's 326.
Shiraishi: Oh, I'm sorry. I have a wrong number.
Akagi: That's okay.
(P. 85) **Practical Conversation-1**
Yamamoto: This is Yamamoto of JPT.
Kurita: Mr. Hamamoto?
Yamamoto: No, Yamamoto.
Kurita: I'm very sorry, Mr. Yamamoto.
Practical Conversation-2
Komori: This is Komori of Kanto Rika Kikai.
Angel: Country Kaki Kai?
Komori: No, Kanto Rika Kikai.
Angel: I'm very sorry. Kanto Rika Kikai, right?
Practical Conversation-3
Kawahara: Mr. Andrew? This is Kawahara. I'm at Shibuya now.
Andrew: Hello? Hello?
Kawahara: Hello? Can you hear me? This is Kawahara.
Andrew: Oh, Kawahara. Thank you for calling. Where are you now?
Kawahara: I am at Shibuya. Did I get any calls?
Andrew: Hello? Kawahara, could you speak a little louder.
Kawahara: Did I get any calls?
Andrew: No, I don't think so.
Kawahara: Okay. Well, I'm coming back now.
(P. 86) **Practical Conversation-1**
Kasuga: This is Kasuga of TIC Travel. Are you Mr. Ohtsuka?
Ohtsuka: Yes.
Kasuga: Congratulations!
Ohtsuka: What?
Kasuga: You have been selected from a list of 2,000 people for chance for a trip to America.
Ohtsuka: Sorry, but I'm not interested.
Kasuga: Could I talk to you for just a moment?
Ohtsuka: I'm sorry, but I'm busy with some work now.
Practical Conversation-2
Tsumura: Are you with your company's department of general affairs?
Ayabe: Yes.
Tsumura: Do you have English classes

for your employees?

Ayabe: Well, 20 percent of our employees are foreigners, so all our workers have no difficulties with speaking English.

Tsumura: I see. Well, are there Japanese classes for your foreign employees?

Ayabe: They all speak Japanese.

(P. 87) **Practical Conversation-3**

Tsuyuki: I am Tsuyuki of Yamate Life Insurance Company. My line was disconnected when my call was being forwarded to Mr. Doi of your company's department of general affairs.

Receptionist: I'm very sorry, I'll transfer again.

(P. 88) **Practical Conversation-4**

?: ... so could I have you give me Mr. Yamamoto's home phone number?

Kim: Mr. Yamamoto's phone number? I don't know it. Could you please wait a moment?
(Putting the line on hold and speaking to a nearby coworker)
It's kind of a strange person, and he wants Mr. Yamamoto's home phone number. I'm not sure what to say, so could you get on the line?

Satoh: Hello, may I help you?

?: I'd like to speak directly with Mr. Yamamoto.

Satoh: Yamamoto is out and won't be returning today.

?: I've been asking you people since yesterday to have him call me. Have you been giving him my messages?

Satoh: Yes, of course.

?: Well, then what? Mr. Yamamoto doesn't feel like calling me?

Satoh: No, I don't think that's the case.

?: Well, give me his home phone number.

Satoh: I'm sorry, but our company has a regulation against giving out home phone numbers.

?: Regulation?

Satoh: I believe Yamamoto will be calling here later, so I'll be sure to have him call you.

?: I can't believe this. What's your name?

Satoh: This is Satoh.

■ Chapter 3 Making a Request

(P. 91) **Practical Conversation-1**

Norman: Nakamura, can I talk to you for a second? It's about this manuscript.

Nakamura: Yes.

Norman: It's for the meeting at 3:00, but a client has just suddenly come and it doesn't look like I can finish typing it into the wordprocessor. Could you please finish typing it for me?

Nakamura: How many pages is it?

Norman: There are 5 pages in total and I'm on the second page. It's finished up to here, so there's 2 pages left.

Nakamura: Sure, I'll do it.

Norman: Thanks. I know you're busy, but I need your help.

Practical Conversation-2

Mason: Mr. Iwakura, may I speak to you for a moment?

Iwakura: Sure.

Mason: It's about the advertising agency for the event we're organizing.

Iwakura: Yeah ... You're handing that, right?

Mason: Yes. Actually, a friend of mine from England works for an advertising agency in Japan, a company called Sohgeidoh.

Iwakura: Sohgeidoh? Never heard of them.

Mason: It isn't a big company. Have you seen the toupee commercial that's airing on TV now? It's theirs.

Iwakura: Hmm ... Is that right?

Mason: They've got two or three other ones on too. Could you at least meet them?

Iwakura: All right. Why don't we talk to sales about it.

(P. 93) **Practical Conversation-1**

Hobson: Hayakawa, could you make copies of this?

Hayakawa: Sorry, I'm a little busy right now.

Hobson: The meeting is at 3 o'clock. I'm in a hurry.

Hayakawa: Well, the manager asked me to do this now and I think it will take until 3 o' clock.

Hobson: Hmm.

Hayakawa: Isn't Hashimoto free?

Hobson: Oh, O.K. I'll ask Hashimoto.

Practical Conversation-2

Iwakura: Mason, about that advertising agency ...

Mason: Yes, how did it go?

Iwakura: We don't think we can give the job to a new company.

Mason: Yeah, I was afraid so.

Iwakura: Give my regards to your friend. Maybe we can work with them some other time.

(P. 95) **Practical Conversation-1**

Fujishima: Excuse me.

Miyazawa: Yes?

Fujishima: About that data I'm supposed to get by Monday ...

Miyazawa: Oh, that. Could you wait a lit-

tle longer?
Fujishima: When can I get it?
Miyazawa: Hmm ... How about by the end of today?
Fujishima: Okay. I know you're busy, but I need that data urgently.
Miyazawa: All right. I'll get it to you as soon as possible. Sorry.
Fujishima: Thanks.
Practical Conversation-2
Shitara: How was your vacation?
Miura: I went to the beach with friends. The weather was good, but there was a huge traffic jam, and it took us six hours to get back.
Shitara: Really? That must have been tough. Say, haven't you forgotten something?
Miura: What?
Shitara: This. (Making an okay sign with his fingers, signifying "money")
Miura: Sorry. I forgot completely. I put it aside somewhere to return it to you. Hang on a moment. There you go. Thanks a lot and sorry about the delay.
Shitara: Sorry for reminding you.
Miura: No, I should be the one doing the apologizing.

■ Chapter 4 Placing orders
(P. 97) **Practical Conversation-1**
Ellin: Excuse me. We'd like to order two pizzas, but we don't have a menu.
Pizza Nero: Our pizzas come in two sizes, 10-inch and 12-inch.
Ellin: We'd like 12-inch.
Pizza Nero: Crispy style or pan style?
Ellin: Crispy.
Pizza Nero: Okay, crispy. What toppings would you like?
Ellin: Make one pizza with mushrooms, green peppers, pepperoni, and onions, and make another with tomatoes, green peppers, onions, corn, and anchovies. Can we request double cheese?
Pizza Nero: Yes.
Ellin: Okay, then make both of them double cheese.
Pizza Nero: Okay, could you please give me your name and address?
Practical Conversation-2
Yamato: Hello. This is Yamato Office Supplies.
Miyake: This is ACC. We'd like to order some paper for our copier.
Yamato: We are always indebted to you. You'd like copier paper, right?
Miyake: Yes, 5 of A4, 3 of B4, and 3 bottles of toner.
Yamato: So that's 5 boxes of A4 and 3 boxes of B4, right?
Miyake: Boxes? How many reams are there in a box?
Yamato: Five reams.
Miyake: Hmm ... well, all right. We'll use all that anyway.
Yamato: Thank you. 5 boxes of A4, 3 boxes of B4, and 3 bottles of toner, right? I'll have them delivered right away. Thank you.
(P. 98) **Practical Conversation-1**
Browne: Hello, I'd like to make reservations for a party.
Hamayoshi: Sure. On which day and for how many people?
Browne: December 4th, for 20 people.
Hamayoshi: We have two set courses, one for ¥5000 per person, and another for ¥7500. Both courses include 2 drinks per person.
Browne: I see. Well, that exceeds our budget a little. We'll think it over and call you again later.
Hamayoshi: Okay, I'll be waiting for your call.
(P. 99) **Practical Conversation-2**
Operator: All Japan Flight Center. May I help you?
Hobson: I'd like to make a reservation for the Fukuoka flight leaving at 4 o'clock, on the 20th of November.
Operator: Yes, November 20th, 4:00p.m., Fukuoka, right? Is it a return ticket, sir?
Hobson: Yes.
Operator: And the return?
Hobson: Return?
Operator: When will you be returning, sir?
Hobson: Oh, on November 22th. What time is the last flight?
Operator: 8:50 p.m., sir.
Hobson: Is that so? Well, then I'd like a one-way ticket please.
Operator: Sure. Do you smoke?
Hobson: No, I don't. And I'd like a window seat please.
Operator: Certainly. Could you give me your name, age, and telephone number?
Hobson: James Hobson, 25 years old, telephone number 03-1234-5678.
Operator: James Bobson, age 25, telephone number 03-1234-5678, right?
Hobson: No, that's James Hobson.
Operator: Sorry. Let me confirm. James Hobson, age 25, telephone number 03-1234-5678, November 20th, Fukuoka

flight 003, departure time 4:00 p.m., non-smoking, and your reservation number is 441. Thank you.
Hobson: Thanks.

■ Chapter 5 Inviting

(P. 101) **Practical Conversation-1**

Tominaga: Lee, you know about the farewell party for Mr. Inose on Friday, right?
Lee: Yes, I replied last week. You were saying you couldn't go either, weren't you?
Tominaga: Yeah, but I believe they have made reservations already, and they can't get enough people to go.
Lee: What? I wonder why no one wants to go.
Tominaga: Well, you know what sort of a guy Mr. Inose is. So none of the women want to go. Sakurai and I have decided to arrange our schedules so that we can go. Won't you come, too?
Lee: Hmm ... This Friday isn't it. Let's see. I have to check my schedule. I'll get back to you later today.
Tominaga: O.K., I'll be waiting.

Practical Conversation-2

Tokiwa: Iijima, you know about the new product exhibition on Thursday at Harumi?
Iijima: Yes, I couldn't go last time, so I'd like to go to this time. Are you going too?
Tokiwa: Yeah. I have tickets. How about going together?
Iijima: Really? Sure. Thank you.
Tokiwa: Okay, one ticket for you. That leaves one extra ticket. Is there anyone else who wants to go?
Takase: I want to go.
Tokiwa: Okay.

(P. 103) **Practical Conversation-1**

Ohmi: Beger, can I talk to you a second. It's about the sports festival.
Beger: On April 29th, right?
Ohmi: Right. I've heard from the section chief that you're good tennis, so I was wondering if you would team up with me for the festival.
Beger: I'm not that good. I haven't played much since coming to Japan, and I'd hate to disappoint you by losing. You're supposed to be real good, aren't you? I wouldn't make a good partner.
Ohmi: No way! I myself haven't been playing recently. There isn't anyone else who can play, is there? Besides, the sign-up is tomorrow.
Beger: But I'd be a big drag on you in a game ... Oh, yeah — Hattori was looking for a partner.
Ohmi: Really? I guess I'll ask him.

(P. 105) **Practical Conversation-1**

Kurahashi: This is Kurahashi of ACC. We have some samples of the image poster that we talked about the other day, so I'd like to take them to your company to show you.
Matsuzaka: Really? That was quick. Sure, I'd like for you to show me them.
Kurahashi: Well, how would 2:00 tomorrow be?
Matsuzaka: Sorry, but I have a meeting at 2:00.
Kurahashi: Okay, What time would be okay for you?
Matsuzaka: Hmm ... How would 4:00 be?
Kurahashi: That will be fine. I'll visit there at 4:00.
Matsuzaka: Okay, I'll be waiting.
Kurahashi: Bye.

Practical Conversation-2

Kubota: Beger, are you free this evening?
Beger: Sorry, but I already have some plans.
Kubota: Well, How about tomorrow evening?
Beger: Sorry, We have a welcome party at the dorm.
Kubota: Is that so? We were planning the same here ... When is a good time for you?
Beger: This week, I'm free just on Friday.
Kubota: Okay, we'll have it on Friday. Keep your schedule open for Friday, okay?
Beger: Okay.

■ Chapter 6 Permission

(P. 107) **Practical Conversation-1**

Scott: Mr. Ikeuchi, I'd like to take a paid vacation again this Thursday.
Ikeuchi: What? You took one just last week. That was also on Thursday, wasn't it? Is there something going on?
Scott: No, I just have some business to take care of.
Ikeuchi: Can't you give the reason?
Scott: I'm afraid I can't.
Ikeuchi: Hmm ... How about your work? It shouldn't get delayed, you know.
Scott: It's O.K., I'll work overtime on Wednesday.
Ikeuchi: I suppose I have no choice. You won't take off next week, will you?

Scott: I won't.

Ikeuchi: Well, I guess I have no choice. Go ahead and take the day off.

Scott: I'm really sorry, sir. Thank you very much.

Practical Conversation-2

Hobson: Mr. Akasaka, I'm going now to take stuff to the new product exhibition, but it's all pretty heavy. So I was wondering if I couldn't use the company car. Is that okay?

Akasaka: The Sales Department is going to use it probably. I doubt that it's available.

Hobson: I just asked them and they said that they won't need the car until 3:00.

Akasaka: Huh? They really said it's okay?

Hobson: Yes, Mr. Sone said so.

Akasaka: Well, then it's okay, but be sure to return it at 3:00. I'll get blamed later if you don't.

Hobson: I'll be back. Well, I'll be going now.

Akasaka: Okay.

(P. 109) **Practical Conversation-1**

Black: Excuse me, Mr. Iwakura. I will go out to Misaki Industry, but can I go home directly from there?

Iwakura: What? You haven't finished the report for tomorrow's meeting, right?

Black: Yes, but I have something I need to take care of, as I thought I'd finish the report at home. I can finish it.

Iwakura: But the meeting is first thing in the morning. Before the meeting, I want to check it. Can you return today? I think it will be finished earlier if you ask for someone's help.

Black: Yes?

Iwakura: You should ask Fukaya. He would help you right away, wouldn't he?

Black: Fukaya has helped me before. I don't want to ask him the help too much.

Iwakura: Well, how about Nemoto? He always works quickly.

Black: Nemoto? Hmm ...

Iwakura: Shall I ask him?

Black: It is okay to ask him, but I was hoping to go home directly.

Iwakura: It won't take so long if you work together with him.

Black: Yeah, it wouldn't take much time. But is it out of the question for me to go home directly?

Iwakura: Do you have some urgent business?

Black: Oh, it is not that urgent.

Iwakura: Well, why don't you just finish the report quickly?

Black: Okay, I will return to the office.

Iwakura: Thank you.

(P. 111) **Practical Conversation-1**

Norman: Mr. Iwakura, I visited Takebayashi at the hospital.

Iwakura: Oh, how was he ?

Norman: It seems it will take a while for him to recover.

Iwakura: Really? It's going to be a problem if he isn't around ...

Norman: Could you let me do the Hokuyoh K.K. work Takebayashi was in charge of. I have heard a lot about it from Takebayashi and I've met the people from Hokuyoh K.K. too.

Iwakura: You? What about the work you're doing now?

Norman: There is a pause in the work right now.

Iwakura: Hmm ... Let me think about it. I'll give you a reply in the afternoon.

Norman: Okay.

Practical Conversation-2

Yokoyama: It's not finished yet?

Beger: No, it's not. I think it'll get done in about another hour.

Yokoyama: Shall I help?

Beger: No, that's all right. It's 9 o'clock already. Besides, your home is pretty far away, isn't it?

Yokoyama: Yeah. But the trains are still running, and I thought we would get the work done more quickly between the two of us.

Beger: No, it's okay, really. Thank you for the offer.

Yokoyama: You're sure? Well then, hang in there. See you later.

Beger: See you. You must be tired.

■ Chapter 7 Advice

(P. 113) **Practical Conversation-1**

Lee: Nakamura, a friend of mine is visiting Japan next week. Do you know any intresting places in Tokyo?

Nakamura: Hmm. How about, say, Roppongi or Aoyama?

Lee: Well he's from New York, so he might not be interested in such places.

Nakamura: Well, then, how about quiet spots like Asakusa? Oh yeah — the Hato Bus tour is also good. There is a choice of routes.

Lee: Hato Bus? Yeah, I've heard about it too.

Nakamura: I think we have a pamphlet

at home. I'll bring it tomorrow.

Practical Conversation-2

Morikawa: Hobson, what's wrong? You look depressed.

Hobson: Yeah, I'm going to meet with the section chief at Hokuyoh K.K. Mr. Yamazaki, but I have heard he is a terrible man.

Morikawa: Oh, Yamazaki. I know him. I have met him before. He's just very shy in front of strangers, so everybody gets tense when meeting with him for the first time. They think they're being ignored by him. Why don't you tell some joke to ease the tension. You're good at that, aren't you.

Hobson: Even if you say so, my jokes aren't sophisticated.

Morikawa: Of course, it is out of question to say something vulgar to him. Anyway, why don't you tell him that story about your mishap on your trip the other day. It was very funny.

Hobson: Hmm.

Morikawa: Don't worry. Mr. Yamazaki is a person who is easy to speak to about work.

Hobson: Really? That's a relief. Thanks.

(P. 114) **Practical Conversation-3**

Morikawa: Hobson, Do you know any disco in Roppongi that foreigners frequent?

Hobson : "Silver" is the place. It's almost like New York on weekends.

Morikawa: You go there often?

Hobson: Almost every week.

Morikawa: Take me with you next time.

Hobson: Sure. Do you mind if I take a friend?

Morikawa: Needless to say, your friend's a woman, right?

Hobson: No, unfortunately.

Morikawa: Well, there are a lot of girls there anyway.

Hobson: That's right. You can choose as you like.

Practical Conversation-4

Evans: Inoue, what's the matter? You don't seem yourself.

Inoue: Yeah, I have a cold and I'm feeling dull.

Evans: Yeah, there's some bug going around. "Baitaruekisu" is very good, you know.

Inoue: What is that?

Evans: Don't you know? It's a nutritious medicine. There are both expensive and cheap varieties, and the expensive ones are quite efficacious.

Inoue: Really? Do you know where it's sold?

Evans: At all pharmacies. But if I'm not mistaken, Tominaga always keeps a supply. Why don't get some from him?

Inoue: Yeah, I'll ask.

(P. 115) **Practical Conversation-5**

Inoue: Beger.

Beger: Yes?

Inoue: We'll probably have karaoke at the upcoming party.

Beger: What? But I don't know any Japanese songs.

Inoue: It doesn't have to be a Japanese song.

Beger: Do I have to sing?

Inoue: Yeah, probably.

Beger: Well, OK, I'll practice.

Inoue: Try your best.

(P. 117) **Practical Conversation-1**

Okamura: Beger, isn't that tie a little too showy?

Beger: Really? Don't you think it lends a bright look?

Okamura: Well, it does, but it's too flashy. Maybe it's OK for going out at night .

Beger: Is that so? I thought it was pretty good myself.

Okamura: It suits you, but something more toned down is better for work.

Beger: You're right. I have another tie in my locker. I'll change.

Okamura: Yes, you probably should.

Practical Conversation-2

Mason: Morikawa, I looked over the documents and, here and here the wording is a little awkward.

Morikawa: Where? This? But I referred to a dictionary.

Mason: Well, the meaning can be understood, but the wording doesn't go well with the rest of the sentence. I think this way of expressing it is better.

Morikawa: Really? But isn't this expression rude?

Mason: No, it's more natural.

Morikawa: Hmm ... I guess it is, huh. I'll change it. My English is pretty bad, isn't it?

Mason: No, I don't think so.

Morikawa: No, it's bad. Please help me with my English. Also, is this expression okay? I'm not too sure about it.

Mason: This is a good expression. See, you are good at English.

Morikawa: No way. If there are any other mistakes, please tell me.

(P. 118) **Practical Conversation-3**

Tominaga: Norman, Do you have a

moment?
Norman: Yes. What?
Tominaga: Our work is sales, right? It's important to pay attention to one's appearance, isn't it?
Norman: Yes. Oh, is this about my appearance?
Tominaga: Yes. Maybe I'm being rude.
Norman: No, it's OK. I know I don't look too good. Actually, my wife has been hospitalized and I've been coming to work from the hospital for the past three days.
Tominaga: Oh, I didn't know. I'm sorry. How is she?
Norman: It's nothing serious. She will leave the hospital tomorrow.
Tominaga: That's good.
Norman: I will go home tonight. So I will be able to change my clothes.
Tominaga: Oh, I am sorry.

Practical Conversation-4

Gibson: Nakamura, do you have a moment? It's about this.
Nakamura: Yes?
Gibson: The spelling of the company names is wrong.
Nakamura: Sorry.
Gibson: Why is it that you got only the names wrong? The other parts are okay.
Nakamura: .....
Gibson: Did you just misunderstand something? This isn't good, you know. Company names are very important.
Nakamura: Yeah.
Gibson: You've made the same mistakes before. You should take more care.
Nakamura: Yes, sorry. I'll correct them.

(P. 119) **Practical Conversation-5**

Mason: Inoue, what's the matter with you these days?
Inoue: Mm ...
Mason: You appear listless during work and meetings, your calculations were off a decimal point the other day. You haven't managed even one contract this month.
Inoue: Sorry.
Mason: Do you have a problem?
Inoue: No.
Mason: Put a little more heart into your work, will you? We have to settle accounts this month.
Inoue: Yes.

Practical Conversation-6

Hobson: Yokoyama, you got on the elevator with a customer, right?
Yokoyama: Yes, it was the manager from Showa K.K.
Hobson: Yeah, there is a protocol for getting on elevators.
Yokoyama: Really?
Hobson: Yes, you should get on first yourself, ask the customer which floor he wants, press the button and also when you get off ...
Yokoyama: Really, I didn't know. I was rude.
Hobson: It's OK if you do it once. You have only been here a while.
Yokoyama: Hobson, please tell me all about it.
Hobson: When I have just come to Japan, I also made a blunder. So Tominaga made an instruction list for me and I studied it. I will give a copy to you.
Yokoyama: Oh, thank you very much.

(P. 120) **Practical Conversation-7**

Lee: Yokoyama. When you picked up the phone, you said "Moshi, moshi," right?
Yokoyama: Did I?
Lee: Yes, you did. It is not good manners. You should say "Hai, Tsuda shohkai de gozaimasu."
Yokoyama: Oh, O.K. I'll do so.

Practical Conversation-8

Norman: Tominaga, about that meeting a while ago ...
Tominaga: Yes?
Norman: Before leaving, when you were asked for confirmation, you said "Yes." Do you intend to take the matter further?
Tominaga: No.
Norman: Well, then, if you say "Yes," it means just that. When you can't answer clearly, or when you don't actually want to do something, you shouldn't say "Yes."
Tominaga: I didn't actually mean "Yes" when I said it.
Norman: I can understand that, but for someone who is not used to the way Japanese speak English, he or she is likely to misunderstand it.
Tominaga: Is that so? What should I say?
Norman: When you don't want to take the matter up, you should say so.
Tominaga: That's kind of difficult ...
Norman: But "Yes" in such circumstances will be misunderstood. When you speak English ...
Tominaga: "I should forget Japanese ways," right?
Norman: ....

(P. 123) **Practical Conversation-1**

Norman: Nakamura, what was that telephone call about?

Nakamura: Uh ... I was talking to a friend.

Norman: These are work hours. That was a long conversation.

Nakamura: Yes, sorry.

Norman: It's OK if it's an emergency. But in the time you were chatting you could have written the report. Try not to use the phone for personal conversations.

Nakamura: Yes.

Practical Conversation-2

Kubota: Howe, are you done with this file?

Howe: Yes.

Kubota: Well then, replace it.

Howe: Oh, sorry. I had to answer a phone call.

Kubota: Others have to use the file too, you know. Replace files once you are done with them.

Howe: Okay.

(P. 124) **Practical Conversation-3**

Mason: Shohji, where were you all this time?

Shohji: I went to get some correctional fluid.

Mason: The stationery shop is close by. You could have come back in 5 minutes.

Shohji: Yeah. Well, it was a bit crowded.

Mason: Come on, it couldn't have been. Where have you been?

Shohji: Sorry. I went to take care of a personal matter. I didn't think it would take so long.

Mason: What? And I had to get this done on the word processor in a hurry. I have talked to you about this, haven't I? No stopping for personal matters.

Shohji: I know, but I had to do it during work hours.

Mason: But it is a problem if you are not here when I have to get something done. By the rules, you are not allowed to do it either ...

Shohji: Sorry. From now on, I'll tell you before I go.

Mason: What? Anyway, do this quickly.

Shohji: Okay.

Tominaga: Did you buy the correctional fluid?

Shohji: Oh, no! I forgot to buy what I had gone out to get. Mr. Mason ... I'd like to go out and to buy something.

Mason: Oh, again? What will you buy this time?

Shohji: I forgot to buy the correctional fluid.

Mason: .... Finish the stuff on the word processor first. I need it soon.

Shohji: But, Tominaga seems to be in a hurry, too.

Mason: O.K., go ahead.

Shohji: I'm going out now. I'll be back in five minutes.

(P. 125) **Practical Conversation-4**

Iwakura: Lee, You didn't come back to the office yesterday, did you?

Lee: No, I didn't. I told you I'd be going home directly.

Iwakura: That's OK, but at least call once before going home.

Lee: Yes.

Iwakura: There was a call for you yesterday from Ohmori Sangyoh.

Lee: Is that so?

Iwakura: I told them you'd call back first thing this morning.

Lee: Sorry. I'll call right away.

Iwakura: Be sure to call here and check from now on.

Lee: Okay.

■ Chapter 8 Communicating Information

(P. 127) **Practical Conversation-1**

Ohoka: Is there some problem?

Sumitani: Huh? Oh, yes — I don't know how to make double-sided copies. Do you?

Ohoka: Yeah, it's easy. Okay, first make a copy like you usually do.

Sumitani: Okay, then what?

Ohoka: Then take that copy and, without turning it around or upside-down, put it as is in here.

Sumitani: Okay, I see. Thanks.

Ohoka: Oh, wait a moment. You're trying to make copies just like the original, right?

Sumitani: Right.

Ohoka: In that case, you don't put the original like this, but like this.

Sumitani: So you don't turn the top of the original around, either.

Ohoka: Right.

Sumitani: Thank you. You've really done me a favor.

Ohoka: No problem.

(P. 128) **Practical Conversation-2**

Arima: Uh, the reason I have gotten you all together today is so that we can have Nakamura explain about the stocktaking that begins at the start of next week. All right, Nakamura.

Nakamura: Okay, first you'll take the inventory ledgers into the warehouse and check what's in stock. Write the number of what we actually have with a pencil in this column. In cases where the actual number doesn't match the the number in the ledger, stick a tag on it. Please work in pairs during the stocktaking. Mr. Arima and I will work on the distribution ledgers. The rest of you will make up four pairs, so do it by dividing the inventory ledgers into four.

Itoh: I have a question.

Nakamura: Yes?

Itoh: How do we divide them?

Nakamura: Well, there are six inventory ledgers in all, so at first do one ledger per pair. If you finish earlier than the others, then go on to the remaining ledgers.

Kimura: But then won't everyone do it slowly?

Honda: How silly. But he does have a point. Let's be sure to divide the work fairly.

Nakamura: Yeah, but the number in stock varies with the type of item. Just because a ledger is thick, it doesn't necessarily always mean that it will be hard to do.

Honda: That's true.

Arima: Everyone will work overtime until we finish.

Everyone: What?

Nakamura: We'll need to complete the stocktaking by the end of next week. As long as we don't finish the counting of items in stock within these days, then it will be tough to write up the lists afterwards in time. Once you've finished checking, please bring the ledger to me. I'd like to get the lists started right away on the things we can write up at that time. Well, hang in there, everyone. The details of the schedule are here.

Arima: All right, so the actual stocktaking is to be completed by Wednesday, right?

Nakamura: Right.

Takano: What should we do with defective items?

Nakamura: Oh, I forgot. If you find any defective items, stick a tag that says so on the column in the ledger where it is listed. Separate the defectives away from the good items so that the good items can be recognized.

(P. 133) **Practical Conversation-1**

White: I got back from my business trip yesterday.

Iketani: Thanks for going. How was it? Does it look like the agency there will do it?

White: Well, the person in charge is serious about it, but just doesn't seem to have the basic knowledge necessary for it.

Iketani: The actual person in charge is just that one guy?

White: So it seems. Also, it's not the case that he is in charge of this product only.

Iketani: So, he hasn't really done anything for us?

White: Yeah, and his product isn't in operating condition. I strongly expressed our feelings about that.

Iketani: Is that so? Well, I'll put in a few words myself.

White: I'd appreciate that.

Iketani: So you had a tough time. Sorry about that.

White: No, not at all. Well, I'll be going now.

(P. 134) **Practical Conversation-2**

Arima: Well, unless there are more questions, let's finish this meeting. Yes? Do you have a qustion?

White: Yes, I have an announcement. I'd like to give the details for the educational software fair. So please gather in front of the west ticket gate of Ebisu station on the Yamanote line by 8:30 a.m. In case you come by subway, please come out of the JR tranfer exit. That is the west exit. I will give a map to everyone. If you are late, please go directly to the destination by yourself. The reception desk is just right of the entrance. Suzuki will be staying at the office on that day. In case you can't contact our portable phone at the fair, please leave your message with Suzuki. We will call her periodically. Do you have any questions?

Everybody: No.

White: Thank you very much.

Practical Conversation-3

Tanimura: I have an announcement from General Affairs. Starting next month, each department will be required to use counters when making copies. There are three counters per department, and each department will be responsible for its own counters. Then at the end of every month, you will have to report the numbers on your counters. One person will be selected from each department to be in charge of the counters and to report the numbers. Are there any questions?

Aizawa: Why will we be using counters?

Tanimura: Because copy paper has been running out too quickly recently.

Aizawa: But we don't have that problem in our department.

Tanimura: Well, at any rate, if there are no more questions, let's choose someone to be in charge of our counters.

(P. 135) **Practical Conversation-4**

(On the phone)

Tsutsui: Sorry to disturb you during your day off, but I thought I'd let you know how things turned out.

Tanizaki: Okay. I suppose there were no problems, huh?

Tsutsui: Actually, there was some trouble.

Tanizaki: Huh?

Tsutsui: Mr. Chambers' wife is a member of an animal protection group, and we hadn't know about that, as it appears that she has joined just recently. So anyway, I took them to Fuyohtei in Ginza, and the table was lined up with iki-zukuri, so Mrs. Chamber's face turned white.

Tanizaki: Oh, that's terrible. And they say that Mr. Chambers is so devoted to his wife.

Tsutsui: Yeah, and so I got all flusterd and tried to have server remove the iki-zukuri, but Mr. Chambers said that it's okay and then he calmed Mrs. Chambers. He said that since they have been to Japan several times before, they knew about iki-zukuri.

Tanizaki: Then what?

Tsutsui: Then since Mrs. Chambers couldn't eat it, she alone ordered something else, though she stared at the iki-zukuri for a while.

Tanizaki: So it probably would have better to have removed it, huh?

Tsutsui: Actually, Mr. Chambers liked it. So anyway, Mrs. Chambers got into a better mood around the time we had dessert, and she will be going with Mr. Chambers when he starts his observation of our facilities tomorrow. I just thought I'd let you know what happened.

Tanizaki: Okay. Sounds like you had a tough time. Thanks.

Tsutsui: Not at all. Well, I'm sorry I called during your day off.

(P. 137) **Practical Conversation-1**

Iwasaki: What's going on? There are visitors waiting.

Takano: Oh, I'm sorry. Who is taking care of the visitors?

Iwasaki: Honda is. Here she comes.

Honda: Takano, what happened? Your nose is bleeding.

Takano: Yes. I got a nosebleed when I was out.

Honda: You know you should have called me. What with a visitors suddenly coming to see you. I just finished demonstrating the new software. That was the right thing to do, huh?

Takano: Yes. Thank you. I forgot today's guest completely. Shall I take over now?

Honda: No, that's okay. All there's left to do is just give him a catalog. You still have some blood under your nose. I told the visitors that you had to go to a client's place on urgent business, so shouldn't you greet the visitors later or call him after he returns.

Takano: Nice work, you saved me.

Honda: I can't believe it. I've got my own work to do, you know!

Takano: I'm really sorry, I'll be careful from now on.

(P. 139) **Practical Conversation-1**

Kimura: Hey, Takahashi, did you hear?

Takahashi: Hear what?

Kimura: About Mr. Yamazaki.

Takahashi: Of our Nagoya branch?

Kimura: Yes.

Takahashi: What's happened with him?

Kimura: I heard he was fired.

Takahashi: Really! Who said that?

Kimura: I got a call from a friend who entered the company the same time as me and is assigned to the Nagoya branch.

Takahashi: Is that so?

Practical Conversation-2

Anna: Is it true what I heard — you're quitting?

Hayata: Who did you hear it from? Don't tell anyone, okay?

Anna: I won't, but I'm a little offended that you didin't tell a friend like me.

(P. 141) **Practical Conversation-1**

Iwasaki: What's happened at the branch office in Nagoya?

Watanabe: I can't say it out loud, but I think they have a serious problem.

Iwasaki: Because they had had poor sales?

Watanabe: I think so. One reason is that we opened a fifth branch office in Chubu.

Iwasaki: You mean the Gifu branch

office, right? No matter how much you say it's to increase a spirit of competition, companies can do some harsh things.

Watanabe: That's right.

Iwasaki: I had thought the staff at Nagoya had done their best despite having their market area cut.

Watanabe: Oh yes. they did do their best!

Iwasaki: Then, what happened?

Watanabe: Eventually some salesperson were lured away to other branchs and so on. And then the staff in Nagoya jumped on the director's case.

Iwasaki: Now that you mention it, Mr. Yamazaki came to the main office, didn't he?

Watanabe: Yeah, it was at that time.

Iwasaki: So what will happen to them?

Watanabe: Well Gifu will probably be turned into the Chubu regional headquarters.

Iwasaki: Really? So that means Nagoya will be absorbed by Gifu, right?

Watanabe: That's what will probably happen.

(P. 143) **Practical Conversation-1**

Itoh: What do you think will happen with Mr. Yamazaki?

Iwasaki: Well, I think he'll probably start his own business.

Takahashi: You should ask Miss. Kimura about that.

Iwasaki: What?

Itoh: Miss. Kimura, come here a second.

Kimura: Yes? What?

Takahashi: Do you know what Mr. Yamazaki is going to do?

Kimura: Oh, yes.

Iwasaki: What will he do?

Kimura: Someone said that he is going to work at the company of a former employee of our company .

Iwasaki: Mr. Hatada's company.

Takahashi: You mean Mr. Hatada...

Iwasaki: Yes probably.

Itoh: What is he like?

Iwasaki: He was a branch manager in Nagoya. When Hatada was manager, sales in the Nagoya branch became number one in Japan, I believe. In any case, they say he was a real go-getter.

Takahashi: Yeah, he was. After working as manager for three years, he quit and started his own company.

Itoh: What is he doing now?

Kimura: I'm not sure, but apparently his business is running well.

Itoh: I see. he'll probably hire on Yamazaki and expand his business, right?

Takahashi: Hatada sure is a go-getter.

■ Chapter 9 Expressing opinions

(P. 145) **Practical Conversation-1**

Funakoshi: Excuse me, Noyman, but I'm conducting an internal survey on our company's product packaging, and I thought I'd ask your opinion as I've heard you are into environmental issues.

Noyman: By "environmental issues," you mean recycling and cutting down on garbage?

Funakoshi: Right.

Noyman: Well, I'm not that into it.

Funakoshi: Well, let me go ahead and ask you — First of all, how do you feel about packaging materials ?

Noyman: I don't think we need to use only paper and glass bottles.

Funakoshi: So plastic containers are okay ?

Noyman: Yes.

Funakoshi: Meaning?

Noyman: Meaning that plastic doesn't break easily and it's light, so it's convenient for consumers and distribution. It's also cheap. If we use something bulky and heavy, then we'll need lots of trucks to transport the products, and then there will just be more exhaust pollution, right? The problem with plastic is when you throw it away. So if people don't throw it away, it's okay. When do people throw away containers?

Funakoshi: When they become empty.

Noyman: Right, so if they don't become empty, then it would be all right — that is, make it possible to refill them. If that's the case, then people will keep buying our products, so we kill two birds with one stone, right? Not only that, but our comapany will gain the reputation that we're concerned about the environment.

Funakoshi: Good idea.

(P. 147) **Practical Conversation-1**

Mogi: How's our new worker Kawaguchi?

Sekiguchi: Really good. He picks up things quickly, and he asks a lot of questions. He's a very active person. With all this, he'll likely become a real asset to us.

Mogi: Good.

Sekiguchi: However, he has such a strong sense of curiosity, he has trouble staying with one thing.

Mogi: He gets tired of things easily ?

Sekiguchi: Not so much that as, well, he's very smart and once he understands something, he wants to move right away to the next level. He certainly has the spirit to work, and he's really bright.

Mogi: I see.

Sekiguchi: When I look at something he has done, such as making reports from the data I give him, I'm really filled with admiration for his precision and insight. He quickly adapts to new situations.

Mogi: Is that so? Where is he training?

Sekiguchi: At the research facility in Kamakura. Apparently he's already become quite popular.

Mogi: Oh, Kurihara's place.

Sekiguchi: I've talked with him once. He says that he has the self-confidence to do things correctly, but he also tends to be a sort of jack-of-all-trades but a master of none. He's quite modest — I think that's why everyone likes him.

Mogi: Sounds like an interesing fellow. It will be fun to see him develop.

Sekiguchi: Yeah, I think he's got a bright future ahead of him.

Mogi: So you yourself have now gotten a nice underling. Be sure to forge him well.

Sekiguchi: Yeah, I'll push him hard.

(P. 149) **Practical Conversation-1**

Katsumata: I'd like to ask about business trip to Osaka.

Mitsuzuka: Yes?

Katsumata: Could you possibly increase the advanced payment a little?

Mitsuzuka: 40,000 yen isn't enough?

Katsumata: Well, recently even hotels in the countryside have gotten expensive, so if I'm not careful I might go over budget. Could you raise it by at least about another 10,000 yen?

Mitsuzuka: But with the recession, Accounting has been tightening its purse strings.

Katsumata: Back when the economy was strong, it was no problem for us to even dip out of our own pockets at times, but now that our bonuses have been cut back, it's tough for me to have to wait for reimbursement.

Mitsuzuka: Sure, but advanced payment for business trips is only for our department. If we complain about it, all that will happen is that we'll be told to put in a request for a temporary advance like the other departments have to do.

Katsumata: That's the point you can use to make our appeal. I heard that the reason we have the automatic advance payment system is because our department has so many business trips and that they want to avoid all that paperwork. If I get 50,000 yen, then I'll have no problem finding a hotel.

Mitsuzuka: Okay, okay. I'll suggest it at the next managers' meeting. However, since your upcoming trip is earlier than that, you'll have to get by with just 40,000 yen.

Katsumata: Sure. Thanks a lot.

(P. 151) **Practical Conversation-1**

Momose: Hey, take a look at this!

Oda: What?

Momose: This is the invoice for the translation.

Oda: 800,000 yen? What's the deal here?

Momose: Well, we did have them do a lot of translations this month, but this is ridiculous.

Suda: ITL, right? I've heard that Public Relations or some department has asked that our company stop using their services.

Matsudaira: Yeah, ITL makes a lot of errors, and we always have to check their translation up with the original texts.

Oda: How much are we contracted to pay them per page?

Momose: I made a rough calculation of a little over 5,000 yen.

Oda: I have long thought that they're not cheap.

Suda: But isn't that a reasonable price for technical documents?

Matsudaira: I don't think so. The place that Research uses is 3,800 yen.

Oda: That place is a lot cheaper.

Momose: Yeah. Sending us an invoice like this — the people at ITL must have no conscience.

Oda: Well, shall we start using the other place as of today?

Suda: Yeah, but we've had a long business relationship with ITL, and our section manager is pretty tight with Mr. Yamamichi of their comapny.

Matsudaira: Yamamichi — I know him. He's a pretty nice guy.

Momose: Well, I guess we're stuck with them.

Oda: No, I don't think we can say that at a time when we're trying to cut down our expenses.

(P. 153) **Practical Conversation-1**

Seto: Hey, did you hear that the Merchandise Management Department is going to move?

Hino: Yeah, but it hasn't been fully decided, has it?

Seto: But if does happen, what will happen to the sales department? Everything will be thrown into confusion.

Hino: Probably. After all, the connection between Merchandise Management and Sales is so vital in something like handling orders. What will we do?

Seto: If they do move, where will they go?

Hino: I happened to hear something about their moving to a place near warehouse number 2.

Seto: Warehouse number 2 ? That's such an out-of-the-way area. If they move there, commuting will be rough. Only the bus runs out that way.

Hino: Yeah, I know.

Seto: Well, it's a good thing you're in our department. I heard that at first you were going to be in Merchandise Management.

Hino: Yeah, that's right.

(P. 154) **Practical Conversation-2**

Honda: What are you talking about? If you are talking about an interesting subject, I want to join you.

Nakamura: Oh, I have heard a big change in the staff will be made in the spring personnel changes. So I am wondering what will happen to us.

Kimura: Well, first, the manager will go to Hakata. And I have heard Itoh will go to the branch office in Sendai.

Honda: Really? I did not know about Itoh — he didn't tell me anything.

Kimura: I have heard he got an unofficial announcement. But it seems that Itoh is not happy with it.

Nakamura: I think so. I have heard that the branch office in Sendai gives a lot of work to its employees.

Honda: So who will be the new manager? The section chief?

Nakamura: I hope not. But it's possible.

Honda: Am I right or what?

Kimura: I don't want him to become manager.

Honda: Then will it be Iwasaki?

Nakamura: But he was hired in the middle of the period, right? Do you think that the company will give such a big promotion to him?

Kimura: If it's Iwasaki, then it would be all right.

Nakamura: But if he were to become manager, he would be tough on us since he's such a go-getter.

Honda: That is the reason why he has a possibility, right?

Kimura: Yeah, I suppose. But if he becomes manager, then Honda will become the new head of our area.

Honda: If so, then I would be the first woman group leader in our company. That is too cool.

Kimura: You shouldn't let yourself get too carried away.

Honda: So you don't like it? When I become group leader, the first thing I'll do is let you have it!

Kimura: Give me a break!

Nakamura: But if all this happens, then we will be the strongest team in our company. We all get along so well.

Kimura: But what if some strange person come from outside our office to fill Itoh's position.

(P. 157) **Practical Conversation-1**

Enoki: You are the person in charge of that company, right?

Fujimoto: What?

Enoki: I have heard that the president of that company has disappeared somewhere. Is it true?

Fujimoto: Yes. He has done it several times before.

Enoki: Is it O.K. for you to say such a thing? Is he doing it to delay payment?

Fujimoto: It was delayed last month.

Enoki: You haven't received this month's payment yet?

Fujimoto: I telephoned and pressed them for it, but the staff there always said that he was not there.

Enoki: Does the manager know about it?

Fujimoto: Yes, more or less.

Enoki: Is he running off because he can't come up with the money?

Fujimoto: I don't know for sure.

Enoki: It is serious, isn't it?

Fujimoto: I have decided that I would wait until the end of this week.

Enoki: We should do something before it's too late. Do you have any idea?

Fujimoto: Unless they give me an answer until this weekend, I will go there to see him.

Enoki: Hmm. Your other clients haven't had any problems?

Fujimoto: Actually, there's another company with whom they're behind in payments. I haven't told the manager about it yet.

Enoki: That's no good. You had better tell him and do something.

Fujimoto: You're right. I'll go talk to him now.

(P. 158) **Practical Conversation-2**

Sakurada: Thank you very much for giving time out of your busy schedule for me. My name is Sakurada of Hot Planning Co.

Shinohara: My name is Shinohara.

Sakurada: Sorry to ask this of you right away but I'd like for you to look at this pamphlet. You can use our 13 Sports Clubs in Tokyo whenever you like. In addition, you can book a resort hotel or other facilities for company training sessions, meetings, or relaxation with just one phone call.

Shinohara: Sounds good.

Sakurada: Yes. Many of our current members have told us how satisfied they are. And it has all been designed for contributing welfare of your company's employees.

Shinohara: You seem to have a lot of members already. So are there cases where the difficulties are all booked up, or even if you can go, they're always crowded?

Sakurada: Well, there's no such worry, as we survey current members' opinions before soliciting new members. We always put our members' convenience first.

Shinohara: I see. About the price ...

Sakurada: I don't think it is an unfair price.

Shinohara: Hmm ... I cannot reply now. For now, I'll just take your pamphlet.

Sakurada: Please consider our service. I will call you again.

(P. 159) **Practical Conversation-3**

Ide: Do you know Mr. Imamura, the man who's being transferred to our office?

Okudera: Yes, I suppose.

Ide: Is it true what I heard that he sexually harrasses women?

Okudera: So they say. But there's no clear proof, so I can't say. I've worked with him before and didn't have such a problem.

Ide: But it's disgusting, isn't it?

Okudera: We don't know for sure since it's just a rumor.

Ide: But where there's smoke, there's fire, don't you think?

Konno: What are talking about?

Ide: Oh, hello. Do you know Mr. Imamura?

Konno: The guy who's being transferred here?

Ide: Right.

Konno: Yeah, I do. He's tough to please in regard to work, but he looks after others — he's a nice guy. He has taught me a lot.

Ide: Hmm. But do you know the rumors about him?

Okudera: Why don't you forget about it.

Konno: What? Tell me. What about him?

Ide: Women don't like him because he sexually harrasses them.

Konno: Sexual harrassment? You're joking. However, if Mr. Imamura drinks, he starts touching women. Even if it's said that's sexual harrassement ...

(P. 161) **Practical Conversation-1**

Sakai: Hey! Someone left the lights on the warehouse. Who was the last one there?

Kinoshita: It was me. I am sorry.

Toriyama: I remember they were left on yesterday also.

Kinoshita: It was not me.

Toriyama: But, you always go to the warehouse, Kinoshita, don't you?

Kinoshita: Uhh.

Sakai: Anyway, the last person should have the responsibility to turn off the lights.

Toriyama: How about this?

Kinoshita: That is good.

Toriyama: Wait, I haven't said my idea. If we just say the last person should have the responsibility, then Kinoshita will still forget to turn off the lights.

Sakai: O.K., O.K. And?

Toriyama: It is not an important suggestion, but why don't we attach the notice for checking the lights out somewhere noticeable.

Kinoshita: Good idea, Toriyama! The wisdom of the old.

Sakai: Anyway, where is the best place where we can see it easily?

Toriyama: Why don't you attach it at Kinoshita's eye level?

Kinoshita: But Toriyama won't be able to see it at my eye level unless she grows taller.

Toriyama: I don't need to see it. I don't forget to turn them off.

Kinoshita: Hey, I never forget.

Toriyama: Well, what about just now?

Sakai: All right, both of you. At any rate, let's try putting up a notice.

Toriyama: Shall I write it?

Sakai: Yes, please. Kinoshita, put it

somewhere that everyone can see.

■ Chapter 10 Exchanging opinions

(P. 163) **Practical Conversation-1**

Miyamoto: The price of the new product is too high isn't it?

Kuroki: Do you think so? I think it is going to sell well as we have changed the style. And it has a lot of new functions also.

Miyamoto: But, we can not compete since it is 20,000 yen higher than Banny's similar product.

Kuroki: I do not think so. Well, the new style is good, isn't it? And, consumers may like it even if it is a little expensive. The important thing is how to advertise extensively. In other words, we should show how special this product is. We should ask the sales department and the public relations to push its uniqueness.

Miyamoto: That's right. If we emphasize that, the new product may be accepted by consumers.

(P. 164) **Practical Conversation-2**

Morisue: I'd like to speak about the discount rate of the new product.

Iida: You mean for selling it to wholesalers?

Morisue: Yes. We have decided to discount 45% on all products when we sell to wholesalers at the previous meeting, as you know.

Iida: Right. What is the problem?

Morisue: After the previous meeting, I checked the cost of the product. Won't it be hard to sell at this price?

Iida: Can I see it? Maybe you overestimated?

Morisue: Yes. But I think that we are too optimistic in our salse expectations.

Iida: Maybe we're optimistic, but we are going to sell it at 80 percent of the price?

Morisue: Is it no good?

Iida: I don't think the sales department will have a positive answer. If Sales opposes and says that a 45% discount is no good, then everyone will have to accept it. But if our department opposes, especially with a wholesale price of 80%, Sales will complain that we really don't know the market or something like that.

Morisue: Well, how about this? I estimated it at the minimum rate.

Iida: Hmm ... It is at 65% of the price? Anyway, it is not so bad. By the way, you are going to ask this at today's meeting, right? Why don't you do that?

Morisue: Sales will say something about it.

Iida: Maybe, but other departments felt they were pushed by Sales at the last meeting, and it's not the case that they consented to the 45% discount. Maybe we get other departments to agree with us.

Morisue: Well, I'll make the proposal.

(P. 165) **Practical Conversation-3**

Fujii: We will tidy up the preparation room and remodel it into Mr. Smith's office. However we will have no place where we can smoke, since we used it as a smoking room. So I'd like to strongly propose having no smoking at our office.

Fukuda: Could you wait to decide. Please think about smokers. That isn't so easy to decide.

Mizoguchi: That's right. When we talk about the subject of non-smoking, people always highlight non-smoker's right.

Tanabe: It is said that smoking is harmful and no good. I know a person who was hired at the same period as me. He was a heavy smoker and he was assigned to the laboratory. Since, the laboratory was non-smoking, he had to reduce cigarettes gradually. As a result, he said he was very happy to quit smoking by himself.

Mizoguchi: That's good. Anyway, as smoking is a personal taste, we cannot make them give up the habit of smoking.

Tanabe: Actually, they are going to go to the break room in order to smoke right? While they are smoking, we have to go there and call them to the phone.

Mizoguchi: That is the same thing as when they are in the restroom, isn't it.

Fujii: Hey, we are speaking about a different subject.

Fukuda: If we have a smoking place, only the break room is allowed. And then visitors may see we are smoking during office hours.

Tanabe: That's right. Apart from the break times.

Mizoguchi: I think so, too.

Tanabe: It might be hard not to smoke though the smokers may be able to quit smoking if they make an effort.

Fukuda: Well, this is how the times are. We need an excuse to give up smoking.

Mizoguchi: It is good for us to have no smoking, but I have heard that people get fat if they stop smoking.

Fujii: Anyway, I will make an effort not to smoke. Why don't we try it?

(P. 167) **Practical Conversation-1**

Narita: It has been proposed that a service center be opened. What do you think about it?

Willy: I basically agree, but I think it should occur in the future rather than now or within the year.

Narita: But with the way things stand now, there's a heavy burden on the sales department, and a lot of consumers have complained that they can't get through on the phone to us, and the switchboard's practically overloaded. I think that the sales department can't handle it alone.

Willy: How would this be? Have the customers direct their inquiries to us by phone, fax, or letter, rather than by going to a service center. Then we could partition off some of the sales department room and hire two or three people to help handle the inquiries.

Narita: How does everyone feel?

(P. 168) **Practical Conversation-2**

Okabe: About the new product ...

Terao: Yes?

Okabe: As we're still in the process of planning its sales promotion, there's some people who feel that the price is too high.

Terao: Well, I just felt that it would be best to make it a little high.

Okabe: Yeah, but they think that the price would be too much of a burden for the age group we're targeting.

Terao: Couldn't we get them to buy it if we give it a high-class image and make it very appealing?

Okabe: But compared to the Ritz Corporation's similar product, I can't help but feel that ours is over-priced. Besides, because of the recession, consumers' purse strings are drawn tight, so they aren't going to go for something just because it's high-class.

Terao: Yeah, maybe so.

Okabe: In the first place, there's little difference to distinguish our product from Ritz's, other than just a novelty in design. With just that, it'd be difficult for sales staff in stores to explain the difference from that of Ritz. Also, today's young people are much more clever when it comes to shopping.

Terao: All right. We'll have an urgent meeting on this, so I'd like for you to explain this again to everyone.

Okabe: Sure.

(P. 169) **Practical Conversation-3**

Masaoka: Endoh, could you come here a second? I'd like to ask you something about the staff for the new project.

Endoh: Yes.
(He goes to the manager's desk)
Sorry to have kept you waiting. What would you like to know?

Masaoka: I just thought it's a little strange that Suda isn't on your list. I mean his sales have been so good, but is there some problem?

Endoh: No, not at all.

Masaoka: I believe that it's the duty of management to provide talented employees with an environment where they can fully put their talents to use. Don't you agree?

Endoh: Yes, of course.

Masaoka: Well, then, shouldn't Suda be the first name on the list?

Endoh: Yes, but Suda isn't the only one who wants to do this project — there's several other people with the necessary ability who want to do it as well. I feel that the five people on the list are the best. Besides there still are quite a few other opportunities for Suda.

Masaoka: But do those five have the sales drive that Suda has? I somehow doubt it.

Endoh: But mere aggressiveness alone isn't good. After considering other qualities such as cooperativeness, I just felt that Suda perhaps isn't right for this project.

Masaoka: Hmm, maybe so. Well, I'll trust you on this one.

Endoh: Thank you. I really want to push these five on the project.

Coffee Break

[Not all new employees can get their desired posts] (P. 19)

Most Japanese companies have a lifetime employment system (although this is changing recently.) As a result, a company expects that new employees will become competent businesspeople through many business experiences. In other words, not all new employees can get their desired posts. It is thought that businesspeople should experience various situations, to gain business know-how, before they can get their desired posts.

[Keeping a poker face can be a communication skill] (P. 21)

Japanese are sometimes said to not use much facial expression-like a person with a poker face. Indeed, Japanese modestly express their feelings. The Japanese put importance on speaking with reserve. For example, Japanese dislike people who directly look displeased to others or those who scold their subordinates in front of coworkers. Having a poker face can be an important communication skill — You should be moderate in expressing negative things.

However, it can be tiring to always use such reserve. Drinking after work with coworkers gives Japanese businesspeople a chance to unwind from this stress. Informal language used in these after-hours unwinding is also taught in this text.

[Suggestions about business cards] (P. 25)

When you first meet a client, you normally exchange business cards, according to the order of introduction. Generally, Japanese is written on the front of one's card and English is written on the other side. However, many Japanese businespeople have business cards in Japanese only.

When you give your business card, you should show the side on which Japanese is written. You should give it with both hands to the client. When receiving a client's business card, you should receive it with both hands. However, it is rude to write on the client's business card in front of that client.

During the meeting, you should avoid bending it, writing on it or playing with it. And it is also not good to leave it after the meeting. You should not put it into your pocket directly. A client's business card should be placed in your card holder.

Having a business card is indispensable for keeping in touch with Japanese clients, and you may need your name in Japanese. It should be written in katakana. The best way is to ask your coworker to help you when making your business card.

For example, he or she might suggest including your middle name or might help with how to put your name into katakana. Chinese or Korean people may write their names in kanji, but should include furigana to show the correct native pronunciation. People from places where kanji are not used should not put their names into kanji because some Japanese might take it as a joke.

[Japanese favorite questions] (P. 29)

Many Japanese are apt to ask personal questions even though it might be the first time for them to meet you. For instance, they might ask「おいくつですか。(How old are you?)」,「結婚していますか。(Are you married?)」,「奥さん［ご主人］は日本人ですか。(Is your wife/husband Japanese?)」,「お子さんは(Do you have any children?)」,「何人いらっしゃいますか。(How many kids do you have?)」etc. However these are important for Japanese speakers. When they speak to others, Japanese change their speech styles in accordance with a person's age and status. In addition, Japanese may get a sense of closeness from personal information. As a result, Japanese may be able to get an appropriate distance to you. If you feel you are embarrassed to be asked such personal questions, you can avoid answering by asking the person a question. In case of a rude question, you may refuse to answer. However, yelling at the person or leaving your seat is not good because Japanese dislike confrontation. When you are asked an unpleasant question, you should look displeased, reply with a vague answer or a joke to them. That is a good way to respond without having trouble. For example,「それは秘密です。…それも秘密です。(That is a secret. And that is also secret).」,「ご想像にお任せします。(I leave it to your imagination.)」... etc. You should not express direct refusal to them such as with「そんな質問は失礼です。(That is a rude question.)」,「答える義務はありません。(I don't need to answer you.)」. In that case, most Japanese may be taken aback and feel great embarrassment. As a result, you might damage chances for good relations.

Furthermore, since many Japanese can

not imagine foreigners who can speak good Japanese and understand Japanese culture and customs, they may ask such questions such as「漢字は読めますか。(Can you read kanji?)」,「箸は使えますか。(Can you use chopsticks?)」,「納豆は食べられますか。(Can you eat natto?)」, etc. Though you may be asked these everytime by Japanese, you should answer with politeness. That is the best way to keep good relations with Japanese.

[Expressing humility] (P. 33)

Humility is one feature of the Japanese language. For example, a new employee might say something like "I fear I may burden you with some trouble since I am a new employee, but I'll try my best" when meeting members of the company. This is not an unusual greeting among Japanese. In this case, he expressed not only his motivation but his situation as well. This idea of being humble is shared among the Japanese.

Saying something to yourself (1) (P. 41)

◎How do you show your happiness when something good happens?

①You got a new contract.
②You're being promoted.
③You now have workers under you.
④New computers have been installed.
⑤You got a paid vacation.
⑥Your section's sales have risen.

Saying something to yourself (2) (P. 51)

◎How do you express your disappointment about something that has gone wrong at work?

①You lost a contract to a competitor.
②Your bonus has been reduced.

[Kanji: the devil's letters?] (P. 65)

"What's the most fun in learning Japanese?" "What's the hardest thing?" Interesting enough, "Kanji" is the top answer for both of these questions. It seems that foreign students of Japanese who don't use kanji in their native countries can be divided into two groups:those who love kanji and those who detest kanji. In either case, such feelings can be explained by the uniqueness of kanji and the difficulty of the way in which they are used in Japan. Created in ancient China, kanji spread to surrounding nations where they greatly influenced the local languages. Japanese was the most influenced, as the Japanese people have always been good at importing useful ideas and things from abroad and adapting them to fit Japanese circumstances.

Let's now take a look at why kanji are interesting and why they are difficult to use. Take for example, the kanji 日 of 日本. It is pictograph which represents the sun. The characters 日本 means "origin of the sun," as Japan was, for the ancient Chinese, the place where the sun rises. Also, like the sun in "Sunday," 日 is also in 日曜日 (Sunday). In addition, 日 can mean "day."

As you can see from this kanji are difficult because of their many readings. But the Japanese have found them to be useful in their word-forming power and visual appeal. No matter how difficult a word might be, if you have knowledge of kanji, you can more or less grasp the meaning of words you haven't seen before. Kanji certainly aren't the Devil's letters! You're sure to gain a lot by learning them.

[How to read proper nouns] (P. 79)

Not just foreigners, but even Japanese sometimes have trouble catching names of Japanese people or places when spoken.

For example, Saitoo-san can be mistaken for Satoo-san, and Oosawa can be mistaken for Ozawa.

Japanese often have trouble catching foreign names when heard just once. It is especially difficult to distinguish the regular syllables of Japanese from their voiced counterparts (such as "ke" from "ge," "sa" from "za" etc.) or from the palatalized syllables (such as "so" from "sho," "ki-yo" from "kyo," etc.). Thus it is a good idea to practice how to explain the syllables in your name for self-introductions, such as by saying. "It's like the 'pa' in 'pan'" or "It's like the 'ryo' in 'ryokoo.'" You should also take care to clearly enunciate long vowels (such as "too" versus "to") and double consonats (such as "kakko" versus "kako").

[Sumimasen] (P. 83)

There are many meanings to "sumimasen." For example, it can be used to get someone's attention, to apologize, or to show one's gratitude. Consider this conversation:

A: すみません。
B: はい、何ですか。ああ、それは、後でねっ、今忙しいから。
A: すみません……。
B: しょうがないな。わかった、今見るから
A: すみません。

An expression for parting can be used in place of this sumimasen, but it would leave the conversation incomplete and unnatural. That is, in this case, expressly apologizing or thanking the person isn't necessary, but just saying "Good-bye" or something like that wouldn't be enough. Sumimasen is perfect for such cases.

[How to say a telephone number over the phone] (P. 89)

Generally read the number by each digit. The hyphen between the city code and area code should be read "no."

You can read "0" as "zero," "ree," or "maru." For "2" pronounce it "ni-i," for "5","go-o" (slightly longer than usual). For "4" say it "yon" (don't say "shi"). For "7" if you say "shichi," it can be mistaken for "ichi," so use "nana."

You don't need to mention the area code when both the caller and receiver are in the same city.

The area codes for Tokyo and Osaka have 2 digits, the other big cities have 3, smaller cities have 4, and country towns have longer numbers.

The exchange number for Tokyo has 4 digits, the other big cities have 3, smaller cities have 2, and country towns have 1 or sometimes none at all.

e.g.) 0 4 4 — 2 0 5
zero-yon-yon no nii-zero-goo
— 3 1 0 7
no san-ichi-zero-nana

You need to be very careful when you pronounce the numbers. For example, if you pronounce "yon-yon" and "san-ichi" as "yo-nyon" and "sa-nichi," the other person won't recognize the numbers at all. So make sure to say each digit separately and clearly.

[Aizuchi] (P. 121)

Aizuchi, or words and gestures to show that one is listening, are used in many languages, but to Westerners it might seem that they are overused in Japanese. "Hai" and "un" are examples of the words and nodding one's head is such a gesture and they all serve to keep the flow of conversation smooth. That is, they affirm to the other person that you are listening. If they aren't used, the speaker will have to keep confirming that you are listening, thus breaking down the flow.

The spacing between aizuchi depends on the speed of the speaker, but doing them at each breath or pause helps make the flow smooth. When the speaker is fast, you can just nod and then say "Hai" at the pauses.

Aizuchi are absolutely necessary in Japanese conversation. To Japanese people, the interval between aizuchi in Western languages seems too long and they wonder if the other person is really listening. Try to grasp the necessary timing of aizuchi in Japanese by listening to two Japanese people speak. You've probably seen Japanese people bowing or nodding when speaking on the phone, and this goes to show how ingrained the need for aizuchi is in Japanese people.

[Private calls] (P. 123)

Japanese companies generally do not allow employees to make private telephone calls in the office.

If you need to call your friends or family, you should use a public telephone during lunch or tea time.

If your friends or family call you, you should finish the conversation as soon as you can.

Many Japanese businesspeople don't let their family members call them at the office, so it may be better to tell your friends not to call often.

The best thing is to have them call you during your lunch or tea time if they need to call you.

Saying something to yourself (3) (P. 125)

◎How do you express surprise?
①A client has gone bankrupt.
②Your computer breaks down.

[Japanese can't say "no"] (P. 129)

Japanese people usually do not directly express their thoughts and opinions, but rather express them in an ambiguous and roundabout fashon. Also, as many Japanese wish to avoid direct confrontation, they find it difficult to directly say no to something. This is seen in the use of such expressions as "〜だと思います," "じゃないでしょうか," and "ちょっと…," and it is sometimes difficult for even Japanese people to know what another person is thinking. In such cases, it is necessary to rely on facial gestures and the overall flow of the conversation for communication clues.

Foreign businesspeople who are unfamiliar with this Japanese trait are likely to have a tough time in the Japanese business world. In cases where you can't ascertain a Japanese person's true opinion, if you ask another Japanese person who was present during the conversation what the true opinion was, you are likely to become accustomed to this trait.

Saying something to yourself (4) (P. 155)

◎Things don't necessarily always go well at the workplace. There are many cases where things go wrong and we are likely to complain.

1. I really don't like this work when I have to work overtime every day.
2. Why do I have to do so much?
3. I can't take it anymore!
4. That section chief is too much of a stickler for details.

あとがき

外国人ビジネスマンのための日本語のテキストは、現在まで数多く出版されてきた。しかし、残念ながら学習者の真のニーズを満たせるものは少なかった。

そこで、日本で生活する外国人社員や研修生を対象として日本語教育を展開するTOPランゲージは、多くの企業や学習者の生の声を参考にして、ビジネス現場ですぐに使える、役に立つ表現を中心としたテキストを編集することにした。

テキスト作成にあたっては、現役ビジネスマンの方々に内容や表現のチェックをしていただき、東芝では事前にテキストを使って改善の材料とさせていただいた。中野衛、関比呂忠、高橋淳、竹内哲郎、山下宏、鷲見三恵子、田中雅美、M.B.アナンド、陳雄、ピュー＝ピュー＝ウィン、ゲイリー＝ラーソンの各氏には、いろいろな面でご協力いただき、アルク日本語出版編集部の古市氏、TOPランゲージの柳沢玲一郎氏には細かなアドバイスやご指導をいただいた。

そのたびに、著者一同はやり直したり書きかえたりの連続であったが、多くの皆様の暖かいご協力のもとで国際化社会にふさわしい「ビジネス日本語」のテキストが完成した。改めて皆様に深く謝意を表す次第である。

1993年7月

TOPランゲージ代表

古市輝子

著者

TOP ランゲージ

高野　岳人（TAKEHITO　TAKANO）
矢嶋美加子（MIKAKO　YAJIMA）
原　啓二（KEIJI　HARA）
冨澤　宏光（HIROMITSU　TOMIZAWA）
古市　輝子（TERUKO　FURUICHI）

実用ビジネス日本語—成功への10章—

Practical Business Japanese—10 chapters to success

1993年8月10日発行　2004年6月20日第5刷発行

著　者　高野　岳人・矢嶋　美加子・原　啓二・冨澤　宏光・古市　輝子

発行者　平本照麿

発行所　株式会社アルク

〒168-8611　東京都杉並区永福2-54-12

電話　03-3323-5514（日本語書籍・MOOK編集部）

03-3327-1101（カスタマーサービス部）

印刷所　萩原印刷株式会社

PC:7093351